カバゴンの放課後楽校

とにかく、おもしろくなくちゃァいけない

阿部 進 *abe susumu*

新評論

放課後楽校の風景

"カバゴン夏楽校 in 上州高山村"（本書第４話より）

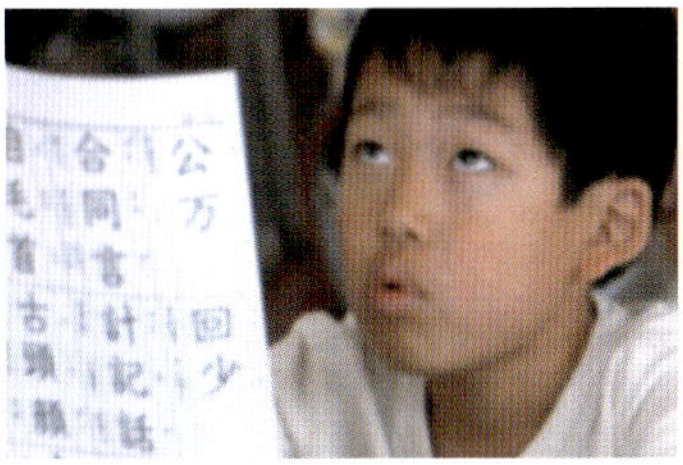

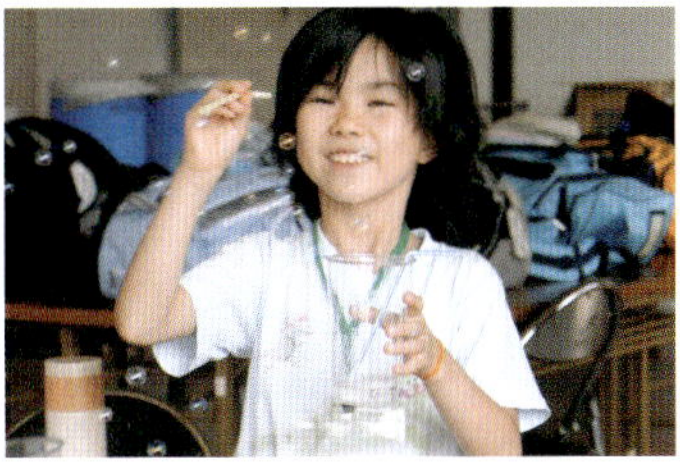

スペクトル像

まえがき

ここ数年、子どもたちの放課後のあり方が脚光をあびています。学校が終わってから夕ごはんまでの時間を楽しく有意義に過ごさせたい。国も競って補助金を出し、「お金は出すが口はあまり出さない」と結構なことです（文部科学省〔文科省〕は〝放課後子ども教室〟、厚生労働省〔厚労省〕は〝学童保育〔放課後児童クラブ〕〟、新たに農林水産省〔農水省〕は農・山・漁村に〝長期体験学校〟）。私は大いに活用しない手はないとやっています。

放課後はおもしろくなくちゃいけない。だからその〝居場所〟も当然おもしろくなくちゃァいけない。おもしろいうえに学校で学んできたことがそこで役立つのだと思わせなくちゃいけない。勉強っていいもんだと思わせなくちゃいけない。放課後の〝居場所〟とは、親が迎えに来る時間まで安全にあずかりさえすればよいというところではない。昔は〝原っぱ〟があった。子どもたちだけの居場所、あそび、ひみつがあった。今、そんなところはない。自分たちの手でそれを作ろうとするエネルギーもない。ならばおとなが手を貸してまずはそれらしい居場所を作ってやればいい。受け身で行動しないなら、いやでも楽しくはしゃぎたくなるような仕掛けを作ってやればいい。

私はここ数年そう考え、やってきました。放課後の子どもの〝仕事〟は今も昔も「勉強・あそび・お手伝い」の三つです。この三つの〝仕事〟をしたらお駄賃がでるぞオー、とカバゴン券（カバ券）なるエコマネーを作りました。これがあれば欲しい駄菓子や文房具は自分で賄えます。親から小遣い銭《せん》を貰うな。そういう運動をしていたら文科省から駄菓子、文房具の一部にと補助金がでた。おどろきましたね。

自分の手でお駄賃を創出しよう。〝三つの仕事〟に子どもたちの眼は輝き出します。おとなの一〇分の一の金銭社会を作ろう。そうだ学校では取り上げない（気づかない）勉強の仕方だってたくさんあるはずだ。あそび心を子どもたちと分け合って、これまでユニークな教育実践をいろいろ行ってきました。放課後の居場所が〝楽校《がっこう》〟になる？　そう、朝の学校と昼の〝楽校〟が一つになって輝き出したら、子どもたちはきっとイキイキとした〝子ども世界〟を取り戻せるはずです。

そんなことをふまえてこの本の構成を五つにしました。

第1話はあの昭和三〇年代です。映画『ALWAYS　三丁目の夕日』がなぜ今脚光を浴びているのか。ちょうどその時私は煙の街、川崎（神奈川県）で教師をしていました。まさに『三丁目の夕日』の出来事を実体験していたのです。昭和三六（一九六一）年、それをドキュメント風に書いたのが拙著『現代子ども気質――わかっちゃァいねえんだなァ』(新評論刊)で、これはその後の「現代っ子ブーム」のはしりとなった本です。第1話ではその頃のことを現在の状況と対比させながら書きました。

当時を象徴するもの、それは何といってもマンガの持つ魔力の凄まじさ。そしてそれに立ち向かった子どもたちが自分の稼ぎ出すお小遣いでマンガ本代を賄っていたこと。第2話ではこれを取り上げます。当時、マンガは学校も親も認めていなかった。購入するためのお金は出してもらえなかった。子どもたちはここでは自立していた。だからイキイキとしていたのだということを書きました。

第3話は、一貫して子どもの都合から考えたうえでそれにどう対応していくかという私の姿勢を書きました。目の前の子どもの現実から出発すること。この考えは昔も今も変わりません。「君たちがこうなら私はこうだ」、最近の子どもたちへのメッセージです。

現在〝原っぱ〟も〝だがしや〟も存在しません。それを今、形にしてみせたらどうなるか? 第4話は今風〝原っぱ〟、今風〝だがしや〟の在りようを見て頂きます。これは自然豊かな山村(群馬県吾妻郡高山村《たかやまむら》)での実験レポートですが(〝カバゴン夏楽校in上洲高山村〟)、ここには「勉強・あそび・お手伝い」という〝放課後の子ども世界〟の日常におとなはどう向き合ってやれるか、そのヒントがたくさん詰め込まれています。

そして第5話はこれからの〝原っぱ〟〝だがしや〟の話です。今も昔も〝子ども世界〟は確実に存在します。おとなはそれをちゃんと見てやらなければなりません。現代の子どもたちにおとなはどんなメッセージを送ることができるか、おとな社会が途切れさせた〝だがしや〟的風景を取り戻すために、今私たちにはどんな仕掛け作りが必要なのか。これを最後に書きました。

今年七八歳、カバゴン健在をアピールしたくて書いた本がこれです。私の教育実践を一度のぞいてみませんか。出前授業に出前保育、呼んで頂ければ全国どこにでも喜んで参上します。

〝カバゴン〟こと　阿部　進

＊全国出前授業・出前保育「カバゴンの放課後楽校」のお申し込みは…
新評論内〝カバゴン〟係まで。
〒169-0051　東京都新宿区西早稲田3―16―28
TEL　03(3202)7391／FAX　03(3202)5832
Eメール　kabagon@ptys.itsudemo.net
ブログ（カバゴンの放課後楽校）http://kabagon.cocolog-nifty.com/blog/

もくじ

カバゴンの放課後楽校

——とにかく、おもしろくなくちゃアいけない

おとな社会が途切れさせた〝だがしや〟的風景を取り戻すために

第　1　話

三丁目の夕日

ここには“原っぱ”と“だがしや”がある。共に子どもの放課後の天国です。子どもたちだけの解放区です。おとなは知っていて知らないふりをしている。見えるけれど見てはいない。子どもが子ども同士、本音でぶつかり合い育ち合いをする場所。

学校から帰ってきて夕方まで、「ごはんだよォ〜」のお母さんの声があちこちから聞こえてくるまでの時間、そう2〜3時間でしょうか？それが放課後の子どもの時間だったのです。

——昭和三三（一九五八）年、東京タワーが完成しました。タワーが見える街〝夕日町〟、その三丁目の人びとの物語が平成一六（二〇〇四）年に映画化され大ヒットになりました。そして一九（二〇〇七）年秋、その続きが公開されました。なぜ今、昭和三〇年代なのでしょう？

『ALWAYS 三丁目の夕日』（西岸《さいがん》良平作）ですよね。原作は「ビックコミックオリジナル」（小学館の成年向きマンガ隔週誌）に『あぶさん』（水島新司作）と共に三〇年以上続いている短編です。一話一五ページ完結で、正しいタイトルは『三丁目の夕日 夕焼けの詩』です。単行本のコミックとして七五巻以上でています。一巻平均一五話ですから、一二〇〇話近くということです。

まだまだ続くわけです。つまり描くネタがまだまだあるということです。これは矢口高雄というその頃中学生だった『釣りきち三平』のマンガ家（秋田県雄勝町出身）も言ってます。『蛍雪時代』というマンガ作品の中で自身の話をこれでもかこれでもかと描いています。〝まだまだ描くことはいっぱいある〟と言ってます。当時私は神奈川県川崎市で小学校の先生をやっていて、昭和三六（一九六一）年に『現代子ども気質——わかっちゃァいねえんだなァ』（新評論刊）、翌年には『現代っ子採点法』（三一書房刊）という本を書き、

〝現代っ子〟というコトバが一人歩きしました。何かがはじけた時代です。西岸さんも矢口さんも私も共通していたのは〝おもしろくてしょうがない、こんなに毎日が楽しくておもしろくていいのか〟と感じながら過ごしていたことです。映画『三丁目の夕日』のタイトルのあとの字幕には〝携帯もパソコンもテレビもなかったのにどうしてあんなに楽しかったのだろう〟とでます。今、五〇歳台前後の人は生まれたばかり、六〇歳あたりの人が子どもの真ン中でいた時代です。映画にでてくる〝三丁目の人びと〟はおとなも子どもも今から見れば裕福な人たちではありません。だけどその中で元気に自己主張して、だましたり、だまされたり、人を出し抜いたり、バカにされたり、盗まれたり、大喧嘩したり、失神したり、ロマンスがあったりと、とにかくみんな忙しく、猥雑に生きていました。今、こんな街はなかなかありません。」

――今、ありませんか？　東京のお台場に〝お台場三丁目〟という街並みがビルの中にあり、結構賑わっているようですが…。

「私も行ってみました。たしかに昭和三〇年代のムードです。でもどこか違う。駄菓子屋があり、ベーゴマやメンコやビーダマ、それにお面も売っていてお菓子もそれらしいけど…。グッとくるものがない。まず街なかに子どもたちが連れ立っていないのです。若いアベックか親子連れなのです。子どもの群れがない。子どもたちだけで来た場合、まったくお呼びでない街なのです。」

――それは何なのですか？　子どもにとっては魅力がないということですか？

「駄菓子、あそび道具、当てむきの値段をみればわかります。今の相場の値段、つまり一番安いものでも五〇円、一〇〇円します。これはおとな値段です。『三丁目の夕日』にでてくる吉岡秀隆さん扮する茶川さんちの駄菓子店の値段は子ども値段です。当時、街なかであそんでいた子どもは〝日銭《ひぜに》〟を貰っていました。いわゆるお小遣い。毎日貰っていました。小学六年生なら今で換算すればJRのおとな料金でひと駅分（一二〇〜一三〇円）、これが一日の平均的お小遣い。毎日、〝ハイ、今日の分〟と母親から渡されていたものです。当時一〇円から三〇円というところでしょう。一〇円ではおとな値段のものは買えません。何日分かを貯めなくてはだめです。日銭が日銭として使える場所、それが〝だがしや〟であり学校前の〝文房具や〟だったのです。

〝だがしや〟には毒々しい色のあやしい食べ物がありました。良家、いわゆるいいところの家庭ではお小遣いを持たせませんでした。おやつは良家製、買ってきても公衆衛生的に良いもの。つまり買い喰いは禁じられていました。だから街なかに行ってもつまらないのです。

普通の家の子はお小遣いで好きなものを選んで好きなように食べたり飲んだり、当てむきで博打《ばくち》のようなマネ事をしてハラハラドキドキしたり、ハズレた籤《くじ》をそっと下に落として店番のおばあさん（なぜかおばあさんが多い）を胡麻《ごま》かす。ところがおばあさんも負けてない。〝えーとこれが一本と、下に落ちてるので七円だね〟とお見通し。この丁丁発止がたまらない。」

——『三丁目の夕日』ではハズレ籤を増産する場面がありましたね。ところで、どんなお店屋さんが当時街にはあったんでしょうか？

「映画の〝夕日町〟の場合はこうです。東京タワーが見える都電通りから一歩横道を入る。道幅といえば軽四輪車、ミゼット三輪オート車が一台通れるくらいのところに、入口の右側から食堂・たばこ屋・ラジオ商会・薬局・喫茶店《きっさてん》・八百屋《やおや》・そば屋・床屋《とこや》…、左側は燃料店・新聞屋・郵便局・靴屋・酒屋・板金屋・荒物

「道路は、子どもたちにとってもっとも身近なあそび場のひとつだった。」（宮原洋一『もうひとつの学校――ここに子どもの声がする』新評論 2006年／写真33頁　文32頁より／撮影宮原洋一）

『もうひとつの学校』という本は昭和40年代半ば（1970年前後）の「あそび」の世界を生き生きと描いた写真文集です。この本には、“創造”と“学び”の原点を捉え直す“子ども世界の風景”がぎっしりと詰め込まれています。著者、宮原さんが語るように、ここに収められた風景は当時を境に徐々に変貌し、その十数年後にはすっかり姿を消してしまいました。地域社会の意味やおとなの役割とは何か、そのことをこの本は今の私たちに静かに問いかけています。

屋…、そして鈴木オート、その向かい側に茶川だがし店（主役）、以下左右に材木屋と空き地、鍼灸《しんきゅう》屋・質《しち》屋・乾物《かんぶつ》屋・トリスバー・食堂・おでん屋・お医者さん・歯医者さん・松の湯・一杯呑み屋さんなどなど、ずらりと並んでいる。とにかく大通りから一歩入るとそこはコンパクトに何でも詰まっていて、遠くへでかけて行く必要がない。それらのお店もみんなご近所用であって、遠くからワザワザ買いにやって来る人は稀《ま》れ。何日分も買い置きする必要もない。気がついたら子どもをお使いに出せばいい。稼ぎも一年分いっぺんにではなく、その日が暮らせるだけの収入があればいい。どこの家も貯金などない五十歩百歩の生活だったといっていい…。」

――子どもたちはどうしてたのでしょうね。学校は子どもたちにとって今と同じだったのでしょうか？

「違います。まず先生の勤続年数、一〇年、二〇年という主《ぬし》みたいな先生が必ずいました。学校の生き字引きです。私の子どもの頃（昭和一二〔一九三七〕年に小学校入学）におばさん先生だった人が戦後二〇年を過ぎた頃まで先生やっていました。お痢《かん》バアさん先生と呼ばれていました。

そこまでいかなくても古い先生が何人もいました。今はほとんど三年から五年で代わってしまいます。兄妹《きょうだい》がいても同じ先生に受け持たれるということは稀れです。ということは、学年を越えて話題になる情報が教室内ではほとんどなくなったということです。

いつも初めてということです。先生を通しての愛着というものが薄くなります。

それに当時は宿直や用務員さんがいました。宿直は夜に学校を警備するといっても寝てればいい仕事で、世帯持ちの教師は敬遠して代直を若い教師に頼むのです。若い教師は大喜びです。宿直手当が入ります。夜になればあちこちの家庭から夕食や入浴の誘いがあります。用務員さん（住み込みで家族と一緒にいる）に頼んででかけます。建て前ではいけないことですが当時は見て見ぬふりでやっていました。貧富の差関係なしで、きょうはあそこの家、次は隣りのクラスの家、帰りには夜食や朝ごはんまで貰って帰るなど〝教師ってていいもんだ〟と思ったものです。また勉強の遅れている子どもを宿直に呼んで教えてあげる。いつもどこかの家庭に顔を出してるから、毎日が家庭訪問のようなもの。そして土・日になれば地域の青年団の人とお寺やお宮で幻灯会・映画会、夏休みになれば各地の盆踊りの放送アンプ係りなどで御祝儀頂いたり…。

今だったら大変です。すぐ教育委員会、マスコミに通報されてしまいます。それよりも何よりも、地域にその学校の先生が住んでいるということはまずありません。街なかの食堂や一杯呑み屋で飲むこともありません。学校が終わればハイ、サヨナラするのが無難です。それに家庭訪問を廃止している学校も多い。プライバシー保護のため。学校連絡網もなくなっている。

学校との関係は稀薄《きはく》になっています。子どもにとっての大違いは、当時は学校から帰ったら〝放課後〟があったことです。」

――え？　今だって放課後はありますよ。

「名目としての放課後、それはあります。学校終わった子どもの行き先、今、塾です。それもいい公立校、私立校受験のための塾です。『三丁目の夕日』の頃にあった塾はソロバン・お習字・ピアノぐらいのお稽古《けいこ》ごとで、勉強中心の学習塾がでてくるのは昭和四〇年代、それも後半に入ってからです。人口一万人ぐらいの街に学習塾ができはじめるのは昭和五〇年代に入ってからです。〝学校〟対〝塾〟。放課後がなくなったの

「子どもたちはこうした空き地〔原っぱ〕をめざとく見つけ、仲間を誘《さそ》ってあそんだ。」（同前書／写真22頁　文20頁より／撮影　宮原洋一）

はその頃からです。

放課後とは、〃その日の所定時間の課業が終わったあと〃という意味で、子どもたちにとっては文字通り、〃学校から解き放された夕ごはんまでの何でもやっていい時間〃のことを指します。その過ごし方も当時は学年によって違います。一・二年生は給食食べて家に帰ります。お小遣い貰ってあそびにでます。行く場所は〃夕日町三丁目〃だったら材木屋の脇の空き地です。通称〃原っぱ〃です。

この〃原っぱ〃、特定外のところが多いのです。〃これが原っぱ〃という規定はありません。子どもの心象《しんしょう》の中に存在するのです。たとえば〃三時からあの原っぱでベーゴマをやる〃と言ったら〃ああ、あそこか〃で通じるのです。あれ、これ、あそこ、で通じるのです。それは子どもたちだけの秘密の場所——おとなには知られたくない、教えてはいけない場所でした。だから子どもはでかける時、〃原っぱに行ってくるよ〟と言うのです。親も、〝ああ、原っぱだね。夕ごはんまでには帰ってくるんだよ〟と気にも留めません。〝かあちゃん、お金〟、〝はいよ〟。家をでたら夕ごはんまで帰って来ません。

その時間が過ぎて帰って来ないと、はじめて親は心配します。そこで心当たりの〝原っぱ〟を探して廻るのです。〝ウチの子見なかった？〟、〝あっちの原っぱにいたよ〟、〝ありがとよ〟。見当つけたところを探し廻ります。〝おや、こんなところもあったんだ〟。親たちにとって新発見の〝原っぱ〟に出合うこともあります。〝原っぱ〟は生き物です。特定された物理的な場所ではなく、おとなの世間から独立した子どもだけの秘密の場所、子どもたちが群れている〝今〟の場所が〝原っぱ〟なのです。

やがて二時過ぎに三・四年生、四時を過ぎる頃には五・六年生、これで役者が揃います。完全にタテ社会ができあがります。ここであそびが一変します。技術伝達の場になるのです。なわとび、石けり、かくれんぼ、釘《くぎ》刺し、メンコ、男女入りみだれて、それぞれの〝原っぱ〟に散っていきます。メンコで大負けした子は次の釘刺しの仲間に入れてもらいます。勝った負けたの代償として、ベーゴマを取られたり、〝だがしや〟で何か奢《おご》らされたりもします。

上級生になると、とくに男の子の中にはお小遣いを親から貰うのを躊躇《ちゅうちょ》する者もでてきます。カッコ悪いからです。あそびに入る前にあちこち金《かね》めのものを拾い集めたり、かっぱらいます。それを売って資金を作ります。あとは下級生や金持ちの成り金さんから調達します。下級生からはあそびの〝指導料〟として貰うという名分があります。

〝小腹が減った〟、〝なわとびの輪がちぎれた〟。その時のためにあるのが〝だがしや〟です。〝三丁目〟の茶

「どの町にも駄菓子屋《だがしや》があった。そこでは、子どもの小遣いで買える駄菓子やオモチャなどを売っていた。その品揃えはなかなかのもので、5円、10円で買えるようなものが、色とりどりに並んでいた。」（同前書／写真171頁　文172頁より／撮影　宮原洋一）

川だがし店も同じです。街なかにあって〝原っぱ〟に近いという絶妙な場所にそれはあるのです。

茶川竜之介は商売専念でやってるわけではありません。店の奥の机の上でせっせと小説を書いています。小説家が本業で〝だがしや〟のおやじは副業です。店の儲《もう》けは生活を支えるほどではありません。

でも、店がなければ困ります。多少でも生活源の一部であることには違いないのですから。だから子どもが来れば邪険《じゃけん》にはできません。執筆を中断して子どもの相手をします。腰手拭《てぬぐ》いは形式上のもので（清潔感を出す）、手をふきふきでてくるためのものなのです。どの〝だがしや〟もいわゆる正業《せいぎょう》ではありません。ここの売り上げでは生活はできないのです。」

——今、あちこちに、駄菓子屋がブームでそれらしいものがありますよ。「それらしいものね、たしかにそれらしい。でも値段が違います。茶川店はすべて子ども値段、子どものお小遣いの範囲でピンからキリまで品揃えしてあります。盆とかお正月にチョッピリ値上げしたら、夏休み中は下げて、子どもの懐《ふところ》具合に合わせてあげる。あくまで買い手中心の商売です。

だから、幼い子どもが来たら大変です。五円玉をギュと握って、あれこれゆっくり選びます。これもあれもと選び集めた頃、店主は五円玉との対応です。〝これは三円、そっちは四円。五円玉一つでは買えないんだよ〟。子どもは泣きべそをかきます。心やさしい茶川さんは〝わかったわかった、泣くなよ。おまけしてあげるよ。この次は一〇円玉だよ〟と言って子どもを帰します。

これだけでも一〇分程度の対応。とても時給一〇〇〇円で人を雇っていたのでは商売として成り立たない。〝だがしや〟はだから〝おばあさんの店〟だったのです。子ども相手に居眠りしながら務まるのが〝だがしや〟だったのです。おばあちゃんのタバコ銭《せん》程度の身入りにあった商売。そこには家族というスポンサーがいました。〝おばあちゃんがボケずに寝たきりにならずに元気でいてくれたらそれでいい〟。そのための投資だったのです。

今の風潮なら老人ホーム入りの資金稼ぎというところでしょうか。でも、老人ホームもいいけれど何よりも子どもたちと毎日接点があることが元気印の年寄りであり続けることの最大の近道なのです。昔の親孝行はそうでした。年寄りにふさわしい働き場所を作ってあげる。家の玄関、庭先を改造して子どもたちを招き入れるようにした。だから〝だがしや〟自体が〝原っぱ〟だったのです。子どもが群れている。そこで昔の

「「おばあさんの駄菓子屋《だがしや》」に来るとたいがいは、買うか買わないかは別にして、店にあるものをひと通り見ていじったりする。いじりすぎると、おばあさんがひと言だけ叱る。」（同前書／写真・文175頁より／撮影　宮原洋一）

街のこと、出来事を話してもらう。おばあさんは昔話の〝語りべ〟でもあったのです。夏になれば氷かき、冬はもんじゃ、お好み焼と店じゅうが変化していきます。」

——ところで先ほどお話にでた当てむきというのは、どんなあそびなのですか。

「あそびではありません。賭事《かけごと》です。宝籤《たからくじ》みたいなものです。これが〝だがしや〟の一番人気です。〝吊《つる》しもの〟といって店じゅうに吊してあり、当て籤を引くと一等、二等と等級があっていいものが貰える。全体の九〇％ははずれです。でも当たれば大きい博打《ばくち》です。お金に余裕があるとこれを狙います。

籤は〝引き〟と〝尨《む》き〟があります。〝引き〟は引っぱる、〝尨き〟はめくるです。当たり番号が裏や中に書いてあります。はやばやと当たってしまったのでは人気がなくなります。

程よく残り数になった時、当たり籤を入れる。そのタイミングがむずかしいのです。『三丁目の夕日』では、茶川さんがブツブツ言いながら〃ハズレ籤〃を増産しているシーンがありますが、その通りなのです。

最近では、この当て籤はほとんど見当たりません。現在、当て籤専門に作っている問屋さんは東京・浅草にある〃中西商店〃さん唯一軒になってしまいました。一家全員で作業をやっています。吊しものが中心で一点三〇〇〇円から五〇〇〇円。子ども単価で五〇円籤、一〇〇円籤です。一等は一〇〇〇円ぐらいする豪《ごう》華《か》なものです。

中西さんはこう言ってます。〃食品だと一流メーカーの高級チョコなどあります。食味期限切れの近いものをメーカーが廻してくれるからこの値段でできるのです。お店では売れ足が早いのでまず期限切れ前に売れてしまいます。だから心配はありません。ただこの商品がお子さんたちのところに届いているかとなると違います。会社のイベントとか市町村のお祝いの行事用としてアトラクション的にでていくようで、ちょっと不本意ですね〃と。つまり子どもとゆっくり付き合うための時間を売り手である駄菓子屋が持ち合わせていない現在、この手のモノは子どもたちの前に姿を現さないということです。

〃だがしや〃にはあそび道具も置いてあります。あそびは〃ホンコ〃つまり本気、本番が中心です。勝ち負けは〃取った・取られた〃です。儲けたか損したかの世界です。〃原っぱ〃は子どものラスベガスなのです。厳しい現実、実力の世界です。負けてメンコやベーゴマがなくなったら新品を手に入れなくてはなりません。それを供給するのが〃だがしや〃のもう一つの仕事です。品揃えしておかなくてはなりません。昔は、子どもたちのあそびで今どんなことが流行しているか、季節によって敏感に感じ取っていなければその〃だがし

「軒先《のきさき》の加工場では、苦労して集めたサケブタ（王冠《おうかん》）を金槌《かなづち》と金切り鋏《ばさみ》を使って加工中である。こうして、簡単にはひっくり返されないサケブタをつくる。」（同前書／写真・文132頁より／撮影　宮原洋一）

や〟は〝繁盛〟しなかった、つまり子どもたちが集まって来なかったのです。

　取られたメンコ、ベーゴマにはそれぞれ本人の思い入れが込められています。ろう石で磨きあげたメンコ、ヤスリで尖《と》がらしたベーゴマ、それに王冠《おうかん》で作った特製メンコ、それは自分たちの手で思い思いに加工したものだからすべてが自分のオリジナル。これを相手に取られたら屈辱《くつじょく》です。おとなの世界だったら生きていられないほどの恥ずかしさです。何としても借りを返す。そんな激しいあそびの世界なのです。今の親、お母さんだったら卒倒してしまいそうなあそびです。

　だからといって昔の親はモノわかりがよかったわけではありません。知っていて知らないふりをしていたのです。決して子どもたちが良いことだけをしてあそんでいるとは思っていませ

「学校ではベーゴマを子どもの勝負ごとと見なしていて「ホンコ」は悪いことになっていた。そんなこともあってか、「ホンコ」が行われているところは路地裏の「もうひとつの学校」と決まっていた。」（同前書／写真・文55頁より／撮影　宮原洋一）

んでした。良いこと、悪いことといろいろあって育っていくものだと知っていたのです。子ども世界、〝原っぱ〟での出来事はそこで決着をつける、一般社会（おとな世界）の預かり知らぬこととしてきたのです。

　目に余ることがあると必ず世話焼きばあさん（じいさんではない）というのがいて、〝このガキども、また賭《か》けベーゴマやってたな〟とバケツの水をパーッと撒いてコマ台（桶《おけ》に帆布《はんぷ》をのせて囲《かこい》を藁紐《わらひも》などでしばる）をぬらしてしまう。どこから情報が漏れたのか？　でも子どもたちも十分警戒してやっている。〝原っぱ！〟――その言い方でどこに逃げればいいのかがわかるようになってる。神聖にして冒してはいけない、絶対におとなにわかられてはいけない場所で落ち合うのです。あらかじめ賭場《とば》を開くに当たって、世話

「駄菓子屋《だがしや》の店先は、子どもたちのショッピングセンターや遊び場を兼ねた情報交換場《こうかんば》であった。」（同前書／写真・文177頁より／撮影　宮原洋一）

焼きばあさんに乗り込まれた時、桶は誰で、布とコマは誰が持って逃げるか決めておくのです。そして落ち合う先へと一直線です。

ばあさんはといえば、もうそれ以上深追いはしません。これは阿吽《あうん》の呼吸です。〝おまえたちのすることぐらい、あたしゃ知っているよ〟という警告なのです。〝ほどほどにやれよ〟。あくまでも子ども社会の出来事であり、トラブルは自分たちで解決せよということでもあります。子どもも知っています。〝しばらくは賭場は開かないでおこう〟。そういう時、子どもたちは通り（おとなと子どもの共通社会）にでてきてあそびます。誰の目にも子どもらしいあそびとして目に映る。それが子どものオモテの顔です。

子ども（小学生以下）世界におとな世界の情報を持ち込むのが中学一・二年生です。半年前、群れのリーダー、親分だった子です。

中学生になるということは〝ガキからの卒業〟であり、おとな社会の一員になった、つまり子ども世界から足を洗ったということです。でも時々、気になるから〝原っぱ〟に顔を出し、〝だがしや〟で奢《おご》ってあげるのです。まさに〝兄貴〟です。その兄貴が持ってくる最大の情報がエッチな話です。〝三年×組のM先生と六年△組のK先生が小学校の体育館の倉庫の中で×月△日午後四時三〇分頃エッチしていたのを見た！〟。この場合、三年生以下はカットされ極秘情報は聞かされません。

語りは微に入り細に入りで具体的です。〝そこでM先生がK先生のスカートをめくり…〟。みんなゴクリと唾《つば》を呑み込みます。あっちこっちで〝オッたっちゃった！〟の声がでます。〝シィーッ、いいとこなんだから〟。あこがれの先生だったりしたらその夜は興奮してなかなか寝つかれません。

中学生は本当に見てたのでしょうか。ほとんど想像です。いかにもその人だったらそうかも知れない…そんな話を子どもたちは中学生から〝原っぱ〟で仕入れるのです。中学生は冥加金《みょうがきん》としてガキどもからお金を巻き上げます。そして〝だがしや〟でお菓子を買ってポリポリ、それを小さな子たちに分け与えます。支払った方も、ちょっとだけおとなのウラ面を見た気がして満足します。

でも自分のお父さん、お母さんも男で女であることをしているのだとは結びつけたくない思いがあるのです。だから性については大きい子からこうやって教わります。成人してから思い出すとかなり間違っていたなということが多いにしても、少しずつハラハラドキドキしながら知っていく。

今はどうでしょう。ストレートにおとなの性のあれこれが洪水のように、発達年齢に関係なく押し寄せてきます。〝「お母さん、女の人の体に男の人のオチンチンが入ると気持ちよくていいくんだって！」〟。集まりの中で急に一年生の息子があどけなく言い出して恥ずかしいやら慌てるやらでした〃。こんな話はザラにあります。中学生、高校生にもなれば〃セックスしている人はしてるよ。ボクは興味ないからやらないだけの話〃とシラッと真顔で言います。早くからおとなな社会の中で育ってきた結果です。

〃原っぱ〃は子どもの原体験の場所、〃だがしや〃は子どもたちにとっておとなへの入口だったのです。そこに粋も甘いも心得たおばあさんがいるという安心感があったのです。今ある駄菓子屋は駄菓子をおとな値段で売るお店であり、〃だがしや〃さんではない。」

――〃三丁目〃の鈴木オートの一平君と茶川さんの預りっ子淳之介君が二人で〃都電〃に乗って東京・港区から杉並の高円寺まで行く場面があります。淳之介君を捨てたお母さんに会いに行く話、泣けました。

「東京や横浜の子どもたちの〃移動の足〃として張りめぐらされていたのが路面電車ですね。都電の場合、今では早稲田から荒川車庫までの一路線だけとなりましたが、富山市、広島市、長崎市、鹿児島市などでもまだ走っていて、富山、鹿児島ではヨーロッパの最新型車輌まで動いています。私は大好きですから仕事で行った時には必ず乗ります。やっぱりいいものだ。横浜（私の住んでいる街）はなんでなくしてしまったんだろうと残念に思います。

子どもが移動する時の足は、乗用車、ＪＲ、バスではなく、何といっても路面電車だと思うのです。どこでも駅からスーッと乗れる。横揺れしながらゆっくりと走る。乗っていて安心感がある。子ども料金で乗り換え、乗り換えして、行けるところまで行ける。同じ路面でもレールのないバスはどこか不安感がつきまとう。〃チン、チン〃という電車の響きが子どもにぴったりなのです。それに乗って知らない街へでかける。

この時代の子どもの行動半径は大きかったのです。単独一人でも友だちと連れ立っても、親は安心して外へ出したものです。路面電車の通っている内側は安心圏だった。それでも何かあった時のお金のありがたみ、一平君のお母さんは毛糸のシャツの袖口《そでぐち》に五〇円玉を縫《ぬ》いつけておいてくれたから腹ペコでふらふらになりながらも二人は帰って来れたのです。

未知の街にも〝原っぱ〟があり、〝だがしや〟がありました。そこには同じ年代の子どもたちがいて、あそびもあそび道具もほぼ共通していました。すぐ仲間に入れます。そこで知らないルールや知らないあそび

どの街にも見られたあそびの定番。「道路に蝋石《ろうせき》で渦巻《うずま》きのような絵を描いて、ひとつひとつの区切りをわたっていく。ジャンケンをして勝ったら何歩進むか決めておき、運悪く「やすみ」と書かれたところで止まるとジャンケンが一回休みとなる。こうしてジャンケンを繰り返して、早くゴールした者が勝ちとなる。このような道路に描かれた絵は、車が通ったり、人が踏んだりしてだんだん消えていくが、あそぶたびに「やすみ」の位置や区切りの幅《はば》を変えたり、人数によって渦巻きの長さを変えたりと、あれこれ工夫して描いた。」（同前書／写真・文44頁より／撮影　宮原洋一）

を発見、自分の街に持ち帰りそれが広まっていく。反対もあります。この交流の橋渡しが路面電車だったのです。路面電車は運行時間も正確だった。子どもたちは休日これの恩恵《おんけい》を受けて暮らしていたのです。時には徒党を組んでけんかをしにでかける。その時は〝おちんちん〟の一番大きい子が親分になる。動物はすべてそれで決めていると誠しやかな論理が通用したりする。

今、横浜をはじめ大きな都市で路面電車の復活運動が起きています。子どもの独自交通手段としてぜひ実現したいものです。」

――そうだ、『三丁目の夕日』には紙芝居やさんもでてきましたね。だいたい夕方近くになるとドンドコ、ドンドコドンと太鼓《たいこ》ならしてやって来るおじさんがいる。四時前後でしょうか？

「そう、四時頃、夏はもうちょっと遅かったり、朝（休みの日）来たりします。実用車のガッチリした車体（バイクや自転車の場合もある）の上には紙芝居、水飴《みずあめ》、ふわふわせんべいなど一式が入っている箱。路地の入口、〝原っぱ〟の真ン中といったところで店を開く。

カチ、カチと拍子木《ひょうしぎ》で子どもを集めますが、多くは子どもが争って叩《たた》いて廻る。おじさんは駄菓子を売るのに忙しい。一番人気は何といっても水飴。買った子どもたちがこれをペロペロとなめながら黄金色に練り上げると、その輝きによっておまけが貰える。やがて一〇人、一五人と子どもが集まり、おじさんも目的の金額に達したとわかると、いよいよ上演開始。お金を支払わない通称〝只見《タダミ》〟の子（大きい子に多い）はやや離れて後ろから見ている。これがルールです。只見の子は終わったあと、おじさんの手伝いをして、あたりをきれいに掃除したりする。すると飴玉か黄《き》な粉《こ》モチか何か貰える。持ちつ持たれつです。

「紙芝居屋のおじさんは、せんべい、水飴《みずあめ》などを売って生計を立てていた。買えない子どもを追い出すようなことはしなかったが、子どもながらに「タダミ」をするときは、少々引け目を感じていた。」(同前書／写真・文67頁より／撮影　宮原洋一)

紙芝居は実画です。印刷画ではない。一枚一枚手描きのカラー絵です。昔、『黄金バット』の絵やストーリーを作っていた加太こうじさんに伺ったことがあります。彼はこう言いました。〃紙芝居は東京発で西廻りなんです。横浜↓名古屋↓福岡↓鳥取↓富山↓新潟↓青森↓仙台↓東京とひと廻りで大体四年半かかります。あれをもう一度見たいと言っても手元にないわけですから、だからおもしろい。しかも台本なんてものはありません。筋書きだけです。演者の味付け一つでどうにでもなるシロモノなんです〃と。

人気の紙芝居やには〃おっかけ〃ができます。次の街、またその次の街とついて行くうちに学校やめて紙芝居やになった、そんな子が何人もいました。もちろんこれは戦前の話、義務教育は小学校とその上の高等科二年までだったから、これを卒業すれば職業に就いていい時代です。

今、紙芝居やは居なくなりました。幼稚園や小学校で〃教育紙芝居〃というのがありますが、あれはいけません。裏面にセリフが書いてあって、先生方、ほとんど棒読みです。〃芝居〃なんですから、紙が芝居しなきゃいけないんです。見ていてもちっとも、おもしろくもおかしくもない。紙芝居が泣きます。今のお子さんたちは可哀相ですよ。

『三丁目の夕日』は今から五〇年も前の話ですが、街の紙芝居やさんはまさに子ども文化の中心にいました。決まった時間に現れ去っていく鞍馬天狗《くらまてんぐ》や月光仮面《げっこうかめん》のおじさんであったのです。紙芝居やさんなしで『三丁目の夕日』は語れないのです。そこには想像力をふくらませる何かがありました。毎日、確実に訪れる至福《しふく》の時間、それを共有した者は幸せ。」

第 2 話

お小遣い・マンガ

昭和30～40年代。子どもは自分の意志によって使う、その日、その日のお金を持っていました。明日に残さないその日一日で使い切る日銭です。親から貰えない子どもは何らかの方法で稼ぎ出していました。

そして世の中情報の最大の入手方法が月刊マンガ雑誌、程なく始まった週刊誌です。一冊300ページ以上の本を一日で数冊読み飛ばし交換していくことで、急速におとなへの道を突き進んでいたのです。

——昭和三〇～四〇年代当時、すべての子どもたちがお小遣いを貰っていたわけではないでしょう？　貰えない子はどうしていたのでしょうか？

「働いていました。新聞配達、牛乳配達、酒屋、八百屋、乾物屋など結構お金になったのです。法的にも〝軽易な労働〟なら満一二歳（小学六年生にあがった誕生日）を過ぎると認められていました。今はこれが満一三歳に引き上げられています。原則は今も昔も小学生、中学生は雇用できません。義務教育でない高校生以上でないと罰せられます。でも当時の慣習では良くも悪くも、安全・安心・軽易な仕事はお手伝いの延長とされていました。新聞配達などは〝新聞少年〟といって、〝感心な子どもたちだ〟とむしろ好意的な目で見られたし、それを手伝う仲間も現れたりで、子どもたちにとっては辛い、苦しいというより楽しいものと考えられていました。そのうえお小遣い以上のお金が手に入る。もちろん家計の苦しい家庭の子どもはその稼ぎの半分以上を家に入れ、これを当然のこととしていました。世の中に貧富の差があることが子どもたちの目にもハッキリと見えていた時代です。

映画『三丁目の夕日』では、鈴木オートの家にテレビが初めて来た日、鈴木家ではそれをご近所の人たちに〝公開〟します。当時テレビは平均月収の一〇倍以上しました。テレビが来た鈴木家は周辺では小金《こがね》持ちです。テレビを町内の人びとに見てもらえる喜び、テレビの買える人がそうでない人を誘って観せるのは当然の行為という考えです。見せびらかすという考えはまったくないのです。蝶ネクタイを締めた当主があいさつします。スイッチが入ると画面は力道山《りきどうざん》の空手チョップ、家の内・外に〝観衆〟一〇〇人以上は居るでしょう。老若男女《ろうにゃくなんにょ》みんなが熱い視線で力道山を応援します。貧しいけれどおとなも子どもも、この先に幸せがきっとあるんだと信じて生きていたのです。だから、働く少年も自分がみじめだとか辛いとか思うことなく、周りの子も決してからかったりはしなかったのです。それはお金の値打ち、大切さを知っていたからでもあります。

さっきもお話しましたが、世の中にはおとな値段と子ども値段がある。当時は子どもの持っているお金で買える範囲、行ける範囲をおとなたちが作ってあげていたのです。先日テレビで福岡市の或るラーメン屋さんが紹介されていました。ここ三〇年間ずっと一杯一〇〇円、値上げなしでやってきたと女主人は言います。〝ウチは子ども相手なんです。腹すかした子に三〇〇円、五〇〇円取れますか？　一〇〇円玉一コで食べられるから子どもたちが来てくれる。値上げするくらいなら店は閉めますよ〟。

これがおとなのやさしさでしょう。商売だから儲けなくちゃいけない、でも必要以上に子どもから取っちゃいけない。それがイヤならおとな相手の仕事、商売を選ぶべきです。

東京の下町、墨田区京島《きょうじま》は一歩大通りから街に入ると昔のままの曲がりくねった道、たくさんの路地を子どもたちが飛び跳ねてあそんでいます。そしてそのメインストリート〝キラキラ商店街〟は、今でもまさに子ども値段の街です。パン屋さんは昔ながらのコッペパン、学校帰りの中学生が寄ります。〝おじさんいつもの〟と五〇円玉一つ。〝ハイヨ、いつものね〟と言ってナイフでパンのお腹《なか》を割ります。バターをひと塗りし、ふた塗り目に入った時すかさず中学生が言う。〝あっ半分はチョコにしてね〟。ほとんど塗り終わったその上に、おじさんは別のナイフでチョコを盛り塗りします。おじさんはわかっているのです。いつもの手なのです。新聞紙にクルクルと巻いて〝毎度ありがとネ〟と五〇円玉を受け取ります。中学生が二、三人、食べながら去って行きます。

以前訪ねた時にはその二軒先に〝だがしや〟さんがありました。文字通り〝だがしや〟のおばあちゃんです。その時は五歳ぐらいの女の子が飛び込んで来ました。右手に五〇円を持っています。小さな段ボール箱を持ってお菓子選びです。おばあちゃんはその子の後ろについていきます。女の子は選んだお菓子のたんびに五〇円玉を広げてみせます。〝まだ買えるの？〟と無言でおばあちゃんに訊《き》いているのです。

何コか買って手を広げました。おばあちゃんは頷《うなず》きました。女の子は〝買い物〟をやめて箱をおばあちゃんに差し出しました。〝このチョコ二コで一〇円、うまい棒は二コで二〇円、いか味は一五円、アメ玉は二コで五円、全部で五〇円、よくできたね。ご褒美《ほうび》に素昆布あげちゃおう〟。素昆布は二〇円です。これでは商売になりませんが、女の子は〝おばあちゃん、ありがとう〟と言って、五〇円分プラス二〇円のおまけを詰めたビニール袋を手に飛んで帰りました。きっと息をはずませてお母さんにピッタリ五〇円の買い物ができたよと、おまけを見せたことでしょう。ここには、おとなの心の温かさがあります。

スーパーだったらどうでしょう。品揃えはいっぱいあります。でも値段はおとな向きです。あれこれ迷っていても、〝いくら持っているの。それだったら買えるのはこれかな、これだね〟と教えてくれることはありません。選んだ品物の一部をうっかりポケットに入れてしまっていたのが見つかれば、万引きの疑いをかけられ、親が呼ばれたり学校に通報されたりする。そうなると犯罪事件になってしまいます。

〝だがしや〟のおばあちゃんは違います。子どもなりの〝事情〟をちゃんと聞いてくれます。広辞苑（岩波書店刊）の〝万引《まんびき》〟の項には〝買い物をするふりをして、店頭の商品をかすめとること〟とあります。商売の様子を窺《うかが》ってパパっと品物をさらう。これはもう高等技術としか言いようがありません。でも〝だがしや〟のおばあちゃんはちゃんと見ています。〝ほら、右のポケットの中にアメ玉二つ転がっているよ。欲しくても万引はしちゃダメだよ。どうしてそんなことをしたんだい？　今度やったら○○先生行きだヨ！〟。

先生もコワイしプライドもある。でも話を聞いてくれるおばあちゃんがそこにいる安心感。一度そんなことがあれば、子どもは子どもなりに、自分の取った行動を深く考えるようになるでしょう。

スーパーは万引を待っているかのように監視カメラでいっぱいです。でも隙《すき》だらけ、死角だらけです。その気になれば、かすめとらなくとも普通に持って行けます。〝お金を払わなくてもいいんだ〟ということになり、誰も見ていないからと二度、三度やるようになります。」

——今の〝子ども店〟と昔のそれとはどう違うのでしょうか？

「現在繁盛《はんじょう》している子ども相手のお店は、親が選んで親が買って与える高額商品の店です。子ども関連の商品はびっくりするくらい高価なものが多い。子どもにとっては〝自腹《じばら》〟では買えないものです。玩具だけでなく、文房具にしても衣服にしても同じです。しかも、わが子にふさわしいモノをと親は親本位で一生懸命選んでやるわけですが、大半が大量生産の規格品ですから、どの子の持ちモノも似たり寄ったりです。

この種のモノはすぐ飽きてしまいます。似たり寄ったりのモノを持っているからほかの子に貸すという必要もなくなる。だからおもちゃ箱の奥に入れられ、二度と目にふれることはありません。

〃三丁目〃の時代の子どもたちは〃共用〃が盛んでした。とにかくカラフル。

各自が自分のモノを持ち寄って交換し、次々と人の手に渡って戻って来ます。街頭紙芝居の仕組みと同じです。その最たるものがマンガ雑誌です。何といっても月刊誌。まだようやく月刊誌に対抗して週刊誌が生まれたばかり。月刊誌は厚さ三〇〇ページ、付録が五〜七冊（本誌に刷られたとじ込み付録を入れると大小一五冊ほどになる）、値段は一二〇〜一三〇円、発行誌数は二〇種（別に学年学習誌が三種）、これらの総発行部数はなんと一〇〇〇万部。マンガ、クイズ、懸賞パズルの大洪水です。あとでお話する〃悪書追放運動〃が起きるのは昭和四〇年代後半ですから、まだこの時代はおとなが子どもたちの中でのマンガの現状を知らない。つまり、おとなたちはマンガを読書の範疇《はんちゅう》（文章を読む）と考えていた。でも、マンガはすでに映像の世界（絵と音響、すなわち芸術）を確立していたのです。

バス・路面電車七円、銭湯《せんとう》八円、映画五〇円、ノート二〇円、床屋六〇円…これが当時の子ども値段（おとなの半額）。その中でマンガ雑誌の一〇〇円は高い。小学六年生の場合、日銭に一〇円、月極《つきぎ》めで四〇〇円といったところがお小遣いの相場です。何冊も買えない。そこで月刊誌は「少年画報」「冒険王」「少年クラブ」「少女」「ひとみ」「少女ブック」「まんが王」「日の丸」「ぼくら」、週刊誌は「少年マガジン」「少年サンデー」と〃自分の持ち本〃を決め、それらがグルグル廻るのです。ほとんど斜め読みで一分一五ページが

「いま二人は、膝《ひざ》でブランコの揺《ゆ》れを止めて『いじわるばあさん』（長谷川町子作）を読んでいる。」（同前書／写真・文66頁より／撮影　宮原洋一）

平均的速さ（母親は二ページ）。母親は文章を読む。しかし吹き出し文字入りのマンガは子どもにとっては〝音〟として耳から入る映画と同じです。くり返しますが、マンガは読書ではなく映像の仲間です。とにかく放課後の三分の一はマンガに集中します。〝原っぱ〟はその主会場、交換場ともなるのです。

ほかに貸本屋があります。一冊一〇円で借りられます。ここでの廻し読みが発覚すると出入禁止になります。そこで〝原っぱ〟で素速い交換読書会が開かれます。アッという間に一〇冊くらいが読破されます。これが快感。そして合評会、人気作家ランキングができあがる。まず低学年では寺田ヒロオ『金太郎』、武内つなよし『まぼろし探偵』、横山光輝『夕やけ天使』、中学年では手塚治虫『鉄腕アトム』、横山光輝『鉄人28号』、石森章太郎『ジョージ』、牧美也子『マキの口笛』、そして高学年では石森章太郎『にいちゃん戦車』、

「〔昭和40年代半ばは〕ウルトラマンの全盛時代で、ヘドロから生まれた「ヘドラ」など、時代を象徴《しょうちょう》する怪獣《かいじゅう》が登場していた。子どもたちの間では次々と登場する怪獣についての情報が交換され、知らないと肩身《かたみ》の狭い思いがした。」（同前書／写真・文167頁より／撮影　宮原洋一）

横山光輝『鉄人28号』、手塚治虫『ナンバーセブン』、千葉てつや『ちかいの魔球』…、それらを参考にして買う本、借りる本が決まるのです。」

――奥が深いのですね。現在ではどうなっていますか…。

「マンガブームの頂点は平成五（一九九三）年あたりです。週刊誌としては「少年マガジン」「少年サンデー」のずっと後発の「少年ジャンプ」が世界最高六〇〇万部、月刊にすると二五〇〇万部以上、ほかに青年誌、壮年誌が発刊されました。昭和五〇年代に〝東大生がマンガを読んでいる〟〝サラリーマンが通勤電車で恥ずかしげもなくマンガを夢中で読んでいる〟とマスコミの話題になりました。これは東大生、サラリーマンが読んでいるのではなく、マンガで育った者が東大に入りサラリーマンになっただけの話だと、当時私は論評しています。

現在「少年ジャンプ」は三〇〇万部を割りました。テレビ・ゲーム、パソコンなど新種のメディアが多様化し、そのうえマンガ本を見る子どもとまったく見ない子どもに棲《す》み分けが起こっています。マンガオタクの時代に入り、とくに少女誌、アニメにおけるオタクは世界的に広がっています。「少年ジャンプ」の発行日は火曜日ですが、水曜日は中国版が香港《ホンコン》で、木曜日は英語版がロサンゼルスでとインターナショナルで普及しています。国内では横這《ば》いでもサブカルチャーとしては世界じゅうに広がっているといえます。

昭和四〇年代後半、永井豪の『ハレンチ学園』（「少年ジャンプ」）の登場は日本社会に大きな衝撃を与える歴史的事件でした。多くの人はその性的な表現にびっくりしました。大ブーイングが起き、やがて〝悪書追放運動〟へとエスカレートし、東京・杉並区の荻窪小学校のグランドではありとあらゆるマンガ本が山積みされ燃される（焚書《ふんしょ》！）というヒトラーまがいの暴挙となりました。当日手塚治虫先生と私は抗議の意志を示すため、その現場に立ち合っていました。『ハレンチ学園』は教師と子どもという対立軸を登場人物である〝ひげゴジラ〟（教師）と〝十兵衛〟はじめとする子どもたちとの対決の構図で描いた斬新な作品で、最終回のストーリーは〝文部省〟が〝自衛隊〟の航空機、戦車を動員して学園を攻め、これに敢然と立ち向かう〝ハレンチ学園軍〟が徹底抗戦して散る、というものでした。子どもたちがこのマンガを支持したのは、その斬新《ざんしん》さの中に、現実の学校教育をとりまく危機的状況や新しい学校観・教育観の萌芽《ほうが》を見たからにほかなりません。今これほど強いインパクトを持つマンガは見当たりません。子どもの支持を一点に集めたような作品は『ハレンチ学園』以降、生まれていないと言えるでしょう。

第 3 話

カバゴン語録

　子どもにお説教をたれるおとながいました。

　学校校門前の小川で小便をしている6年生5〜6人を見つけて「小便止めえ〜」と怒鳴ったおじさんがいました。子どもたちは一斉におじさんの顔を見、ピタッとオシッコが止まりました。「小便は学校で済ましてコイッ、わかったかァ。」子どもたち、頷く。「わかればいい。ヨシッ、体に悪い、続けろ!!」子どもたち、一斉に再放水。粋なおじさん、おばさんが、かつては子どもたちの周りにいっぱいいたのです。

約束「親より先に死んではいけない」

「世の中で一番悪いことは親より先に死ぬことです。親より先に絶対死んではいけないのです。ウソつき、だまし、かっぱらい、人殺し…それよりも親より先に死ぬことが一番悪いことです。」

＊

いじめが問題になっています。

いじめによって死ぬ子どもがあとを断ちません。子どもに死なれた親たちは大きな挫折《ざせつ》感、絶望感を味わいます。ギリギリのところでなぜ親に救いを求めてくれなかったのか？　信頼されていなかった悲しさ、悔《くや》しさが生涯ついてまわります。それは残酷なことです。どんなにいじめられて苦しくても、なぜ、親の私たちに助けを求めてくれなかったのか、その思いをいつまでもいつまでも持ち続け、墓場まで持っていくのです。

自殺していく子どもが増えています。歯止めになるものはないのか？　いろいろな識者がいろいろなことを言っていますが決定的なものがありません。

＊

沖縄には復帰以前（三〇年以上前）から何度も訪《たず》ねてました。復帰後は沖縄本島だけでなく、宮古、石垣など数多くの島嶼《とうしょ》にも行っています。最近ではニート（若年無就学・無就業者）の問題で研究・講座授業にでかけています。

本島より三時間ほど船で行った小島があります。久米島です。この島で見たお墓が本島のものと少し違っていました。

丘の上、西に向かって作られたまんじゅう型は変わりません。墓のてっぺんにガジュマルの樹が植えてあり、その左右に墓石が置いてあったのです。ふしぎに思って、そこのおばあさんに訊《たず》ねました。

「中がいっぱいで外にでているのですか？」

「いいえ、違います。中を見てみますか。」

中は広びろ広場です。まだたくさん入る余裕がありました（昔は風葬の国でしたから大きな人瓶《ひとかめ》を使いました）。

「ガジュマルの樹の正面左は世間さまに顔向けのできないことをした人たちです。殺人、盗み、詐欺《さぎ》、とにかく世間さまに悪いことをした人は墓の中に入れてもらえないのです。」

「でも、死んでしまえばみな同じと言うではありませんか。」

「死んだ者は生きている人の役に立たなくてはなりません。生きている人の支えにならなくてはいけません。子どもたちも必ず、〝これは何？〟と、野ざらしのお墓を前にして訊《き》いてきます。もの心つくかつかない頃の子どもたちがあなたと同じようなことを無心で訊いてきます。

悪いことをすると中には入れてもらえない。子ども心にもそれはいやだと思います。まだ死ぬということの意味がよくわからない子どもたちでも、みんなが一緒にいる方のお墓に入りたいと思うのです。」

「ところでガジュマルの樹の右にあるお墓は何ですか？」

「盗み、人殺しよりもっと悪いことをした者です。」

「へえ？　社会的な犯罪より悪いこととは？」

「それはものの順序をたがえることです。」

「？」

「順番を守らないことがこの世の中での一番大きな罪です。」

「？」

さっぱりわかりません。何のことでしょう？

「それは親より先に死ぬことです。ものには順序があります。先に生まれた者は後から生まれた者よりも先に死ぬ。親は子どもより先に生まれ先に死ぬのが順序です。

世の中なかなかうまくいきません。後先《あとさき》が反対になることがあります。親の願いを裏切って先に死んでしまうことがある。そうなったら、残された親やジジ・ババはその後の一〇年、二〇年をどうやって生きればいいのですか？　死んだ子や孫のトシを数えて生きていかなくてはならない。そんな思いをさせることが世の中で一番悪いことです。

子や孫は、親やジジ、ババより先に死んではいけません。たとえ病気をしても事故にあっても罪を犯しても、生きることができればあしたがあります。死んでしまえばそれがありません。沖縄人《ウチナンチュ》はあしたに生きる、未来に生きる、いのちをまっとうしたらあの世で親、子、孫、ご先祖さまと一緒に生きる。あの世の世界がこのお墓の中です。

〝世の中で一番悪いことは親より先に死ぬこと、だから親より先に死んではいけない。まして自分から死を選ぶなどは絶対にしてはいけない!!〟――お墓の前に立った子どもたちにはこの言葉が心にもからだにも深く刻まれると思うのです。」

私はハッとしました。子どもたちに伝えることはこれだ。親より先に死ぬな。死んではいけない。

＊

私は授業の前に、子どもたちに大音声で叫びます。

「世の中で一番悪いこと、それはおじいちゃん、おばあちゃん、お父ちゃん、お母ちゃんより先に死ぬことです。だから死んではいけぇ～なぁ～い。」

子どもたちは金縛《かなしば》りに合ったようにぴくんとします。

これは「死のうかな？」と思った子どもの歯止めとして、かなり強烈な言葉だと思います。

感謝の気持ち（子どもたちへ）

人間《にんげん》、生《い》きるということは仕事《しごと》をすることです。

お父《とう》さん、お母《かあ》さんも毎日《まいにち》仕事をしています。なぜ、仕事をする（生きる）のでしょうか。二《ふた》つあります。

＊

一《ひと》つは世《よ》のため、人《ひと》のためです。

人間は一人《ひとり》では生きてはいけません。みんなが幸《しあわ》せで安心《あんしん》した毎日を送《おく》りたいと思《おも》っています。

そのためには、お互《たが》い国《くに》を越《こ》え人種《じんしゅ》を超《こ》えて助《たす》け合《あ》って生きていかなくてはなりません。

そして過去《かこ》から現在《げんざい》、そして未来《みらい》へと渡《わた》していかなくてはなりません。自分勝手《じぶんかって》な都合《つごう》だけで隣人《りんじん》たちとのつながりを断《た》ち切《き》ってはなりません。服《ふく》や食《た》べものや建物《たてもの》を作《つく》ったり売《う》ったりする仕事は、すべてそのためにあるのです。

自分が今《いま》、ここにいるということは、お父さん、お母さんがいるからです。お父さん、お母さんがいなければ、自分はここにいないのです。そのお父さん、お母さんにもそれぞれお父さんとお母さんが一人ずついます。そしてそのまた先《さき》にも一人ずつ…。これがご先祖《せんぞ》さまです。二〇年《ねん》を一世代《ひとせだい》とすると、ずっと数《かぞ》えて一八〇年前《まえ》のご先祖さまは五一二人《にん》、そしてこの第一《だいいち》世代から第七世代（つまり、おじいさん、おばあさんの両親《りょうしん》）までのご先祖さまは全部《ぜんぶ》で一〇一六人ということになります。みんな仕事をしてきました。これだけの人の心《こころ》やからだがいろいろ伝《つた》わって今の自分（一〇世代目《め》）があるのです。これからも未来に伝えていかなくてはいけないのです。もし子《こ》どものままでキミがいなくなってしまったら、ずーっとずっと続《つづ》いてきた〝いのちの絆《きずな》〟が断ち消《き》えてしまいます。いのちは伝えていかなければなりません。

私《わたし》の尊敬《そんけい》する二〇世紀最大《せいきさいだい》の音楽家《おんがくか》にパブロ・カザルス（一八七六〜一九七三年）という人がいます。同《おな》じスペイン出身《しゅっしん》の天才画家《てんさいがか》ピカソ（一八八一〜一九七三年）は知《し》っているでしょう。戦争《せんそう》に反対《はんたい》し、平和《へいわ》を愛《あい》して闘《たたか》ったすばらしい画家です。その人の友《とも》だちです。

カザルスは私たちに次《つぎ》のような言葉《ことば》を残《のこ》してくれています。読《よ》みます。

「一秒《びょう》、一秒、私たちは宇宙《うちゅう》のあらたな二度《ど》と訪《おとず》れない瞬間《しゅんかん》に、過去《かこ》にも未来にも存在《そんざい》しない瞬間に生きているのだ。それなのに学校《がっこう》で児童《じどう》に何《なに》を教《おし》えているのか。二プラス二は四とか、パリはフランスの首都《しゅと》であるといったことは教える。いつになったら子どもたちの何《なん》たるかを教えるのだろう。子どもたち一人ひとりに言《い》わねばならない。君《きみ》は何であるか知っているか。君は驚異《きょうい》なのだ。二人《ふたり》といない存在なのだ。世界中《せかいじゅう》どこをさがしたって君にそっくりな子はいない。過《す》ぎ去《さ》った何百万年《なんびゃくまんねん》の昔《むかし》から君と同じ子どもはいたことがないのだ。ほら君のからだを見《み》てごらん。実《じつ》に不思議《ふしぎ》ではないか。足《あし》、腕《うで》、器用《きよう》に動《うご》く指《ゆび》、君のからだの動《うご》き方《かた》！　君はシェイクスピア、ミケランジェロ、ベートーヴェンのような人物《じんぶつ》になれるのだ。どんな人にもなれるのだ。そうだ、君は奇跡《きせき》なのだ。だから大人《おとな》になった時《とき》、君と同じような奇跡である他人《たにん》を傷《きず》つけることができるだろうか。君たちは互いに大切《たいせつ》にし合いなさい。君たちは――われわれもみな――この世界を子どもたちが住《す》むにふさわしい場所《ばしょ》にするために働《はたら》かねば〔仕事をしなければ〕ならないのだ。」

（パブロ・カザルス［述］、アルバート・E・カーン［編］『パブロ・カザルス　喜びと悲しみ』吉田秀和・郷司敬吾訳、朝日新書、一九九一年、二六八頁、〔　〕は私の補足）

つまり人間はみな奇跡、だから互いに大切にし合いなさい、勝手に自分の都合で死《し》んではいけません、ということです。

世のため、人のためとはそういうことです。

＊

なぜ仕事をする（生きる）のか。もう一つの理由《りゆう》、それは家族《かぞく》のためです。

ほころびた服を縫《ぬ》ってくれたり、ごはんを作ってくれたり、壊《こわ》れた椅子《いす》を直《なお》してくれたり、お父さんやお母さんは家族のために仕事をします。また、その材料《ざいりょう》を得《う》るお金《かね》を稼《かせ》ぐために仕事をします。お金を稼がなくても人並《ひとなみ》に生活《せいかつ》できれば、お父さんもお母さんも、ただただ家族や社会《しゃかい》の幸せのために仕事をする（生きる）ことができるから、大昔《おおむかし》のようにお金のいらない世《よ》の中《なか》が理想《りそう》ですが、今はまだ、どこの国でもそうなってはいません。

＊

このように、お父さん、お母さんがいつもキミたちを見守《みまも》りながら仕事をしている（生きている）からこそ、キミたちも生きていけるのです。

ご先祖さまに感謝《かんしゃ》、お父さんお母さんに感謝。ありがとうの気持《きも》ちを一日《にち》三回《かい》、食事《しょくじ》の時に唱《とな》えましょう。

食事の時には、箸《はし》を持《も》って次のように唱えます。

「箸取《と》らば天《アメ》・地《ツチ》・水《ミズ》の御恵《おんめぐ》み、
お父さんお母さんとの御恩味《ごおんあじ》わえ
いただきます。」

これは昭憲皇太后《しょうけんこうたいごう》（大正天皇《たいしょうてんのう》のお母さん）の「箸取らば天・地・御代《みよ》の御恵み、君《きみ》（天皇）と親《おや》との御恩味わえ」をカバゴン流《りゅう》にアレンジしたものです。

お父さん、お母さんに日常《にちじょう》の感謝の気持ちをこうして唱えます。意味《いみ》を考《かんが》えないで、ただ唱える。それでいいのです。

徳育

「道徳」の時間に代えて「徳育」(昔の修身か?)を導入しようという案がありました。今、文部科学省(文科省)をはじめとする学校教育関係機関の間では、「総合的学習」の時間を減らして主要教科の時間を増やすべきだという、「〝ゆとりの教育〟の誤り」を指摘する議論がまかり通っています。子どもたちにはもっと実質的なこと(生活態度や学習能力)を身につけさせるべきだというのがその主旨です。そうでしょうか?

たしかに「ゆとり教育一〇年」は子どもたちに「学校っていいところかも知れない」という幻想を抱かせた一〇年だったと思います。〝教わる側〟の都合に合わせた年月であったともいえます。「本当の〝ゆとり〟とは何か」をまずはみんなでじっくりと考えなければならない時だと思うのですが、いずれにしても、一九九八年から小・中学校、九九年から高・盲・聾《ろう》・養護学校で導入されてきた官製「総合学習」が今終焉《しゅうえん》の時を迎えようとしています。

私は「道徳」も「徳育」もいらないと思っています。小学校はそれこそ「読み・書き・計算」を主として教える原点に戻ることが大切だと思っています。科目は国語だけにして、算数も理科も社会も音楽もすべてそこに包み込むべきだとする考え方です。算数の時間が足りない、図画工作の時間が消えた、といった問題も、すべては国語の傘の中で、と考えれば如何《いか》ようにも対応できるのです。

これは国語的算数や国語的地理など、国語の科目の中にほかの科目をすべてリンクさせる対応法です。一時間の授業中に計算になったり、古代の歴史の話になったり、唱歌から体育へと横すべりしたりと、たとえ一時間が二～三時間に延びたとしてもそのおもむくままに展開すれば、それだけで教師も子どもも過剰なストレスから解放されるでしょう。そこから自ずと〝ゆとり〟は生まれます。〝ゆとり〟は外部からではなく、〝教師―子ども〟の関係性の内側から生まれるものでなければなりません。

漢字に心ゆくまでふれる授業時間があれば、子どもたちは、何かが足りず、常に何かに追い立てられ、前に進まされているという圧迫感から抜け出すことができるでしょう。

＊

ところで「道徳」「徳育」です。これによって人としてのあり様を教えたいと考えるのだと思いますが、それは国語教育とりわけ「漢字」を丁寧に教えていくことで十分なのです。

その一例を示しましょう（現在の小学教科書ではほんの一部しか載せていないものです）。

＊

〃人〃という字は、人が立っている姿を横から見たものです。手足を大きく広げた正面の姿が〃大〃です。その大の字に立った人の上に一の線をつけると、頭の上に大きく広がる空、〃天〃になります。また、大の字に立った人の下に一の線をつけると、地面にしっかりと立つの〃立〃になります。

昔の人（古代中国人）は〃人間〃のあり様、自然や動物やモノの形そのままに文字を生み出してきたのです。その逞《たくま》しい想像力、そしてそこから涌《わ》きでるおどろくべき創造力、そのすばらしさに学ぶのが「徳育」でしょう。

〃女〃という字はいかにも女の人が横座りしながら手を結んでいる様子そのものです。その女の人が〃母〃になると、おっぱいが大きくなり子どもに乳を与える姿に変化します。〃男〃という字は、〃田〃を耕す〃力〃のいる仕事、それができるのが〃男〃だという理にかなったものです。

また、女の人が妊娠するとお腹《なか》の中に赤ちゃんができます。その様子を現したのが〃包〃という字で、これは四年生で習う漢字です。ホウ・つつむ、と読みます。これはお母さんの子宮の中にいる赤ちゃんを現し、赤ちゃんは頭が大きい様子を示しています。〝大切なものは丁寧に包みましょう〟の意味です。

子どもたちとは次のような対話が生まれます。

「キミたちはみんなお母さんのお腹の中で約四二週間、包まれて育っていたのだよ。真っ暗なお腹の中でお母さんの心臓の音を聞き、お母さんやお父さんの声をお腹の中で聞きながら、お母さんと臍《へそ》の緒でつながっていたのです。地球四五億年の進化をお母さんのお腹の中で猛スピードで体感しながら育っていたのです。そしていよいよ世の中にでてくる日が近づくと、頭を下にして出口のところまでやって来ます。赤ちゃんが生まれる時の字がこれです。〝流〟（三年生）。リュウ・ながれる、です。」

——どうして〝流れる〟なの？　〝生まれる〟じゃないの？　流《リュウ》ってちっとも誕生みたいじゃない。

「〝流〟の字の〝𠫓〟の部分は、頭を下に向けた赤ちゃんの様子なのです。〝氵〟は水です。お母さんのお腹の中の水（羊水《ようすい》と言います）と一緒に赤ちゃんは外へでて来るのです。赤ちゃん誕生です。

頭を下にしてでてこないと大変です。足からでてきたのでは呼吸ができなくて死んでしまいます。お腹の中では臍の緒、これがいのち綱です。ところがこれが首にひっかかっていたり、足にまとわりついたりすると頭から外へでられません。大変な場合があるのです。」

子どもたち同士がざわめき出します。

——ボク、お母さんのお腹からでてきたんだって。

——へーえ、ホント？

——お医者がお腹切って。

——ウーソー。

——ホントだよ。

——はじめて聞いた、お腹切るなんて？　カバゴンそんなことあるの？

「あります。帝王切開《ていおうせっかい》と言って、どうしても流れでることのできない場合、お母さんのお腹を切ってでも出さないと赤ちゃんもお母さんも死んでしまうことがあります。でもお医者はお腹を勝手に切れません。お母さんはもちろんお父さんの許可もいるのです。今は携帯電話があるからすぐ連絡がつきます。昔は大変です。〝もう切開しないと赤ちゃんが死んでしまう。なのにお父さんと連絡がつかない〟。ハラハラすることが多かった。やっと連絡がついたとしても〝お腹を切ってはいけない〟と言われたら…。生まれて来なかった赤ちゃんもいたと思います。お母さんのお腹からでてきたキミはよかったね。お腹を切るのはとても痛くて大変、その中で産んでくれたんだものね。ほかのみんなも〝流れでた〟から、今ここにいる。今ここで勉強したりあそんだりできる。

きょうは帰ったら、まずひとこと〝お父さん、お母さん、産んでくれてありがとう〟と言おう。びっくりするぞ。そしてなぜと聞かれたら、漢字で〝女・母・男〟、そして〝包む〟から〝流れる〟まで教わった、こういう意味なんだ、と話をしてごらん。お父さん、お母さん、いいこと勉強したねと喜んでくれるよ。」

私はこれが〝徳育〟だと思っています。漢字の中にはこれらの光がちりばめられているのです。

勉強は誰のタメ？

「みんなに聞きま～す。
勉強はどうしてするのでしょう。何のため？　誰のためにするのでしょう？」

＊

――ハーイ、ハイ、ハァーイ。（ほとんど全員が手をあげます）
「では、つよし君。」（三年生）
――ハイ。自分のためでーす。
――そうでーす、そーだ。（納得の声）
ここは群馬県高山《たかやま》村、二〇〇七年の〝カバゴン夏楽校〟でのやりとり。

「ほかに?」
——ハイ。中学・高校・大学受験や、就職試験を受けるためです。(まさし君、五年生)
——とにかくおとなになった時、困らないように勉強するのです。(ひろこさん、六年生)

*

「それだけ? 勉強は今の生活には役立たないのかな?」

——ウーン、ちょっとは役に立つけど…。

——あんまり役には立っていない。

——少しはあるよ。体育なんか、あそびに使えるものがある。たとえばぁ、?…わかんない。

とにかく勉強は未来に役立つ、そのために今勉強している、と子どもたちは言います。勉強は今の自分たちの生活には強くかかわっていない、というのが実感のようです。つまり、子ども自身の実生活にあまり関係ないのが〝学校の勉強〟ということになります。

緊迫感がないのです。〝どうしてもやらなくては〟と思っているのは私立中学校を受験する子どもたちです。その割合は、首都圏の小学校では一校で一〇%〜二〇%、平均一五%、一つのクラスで五人ぐらい、他地域では私立校が少ないこともあり一〜二人です。八〇%以上の子どもは高校進学時に備えて受験勉強するので、それまで四、五年間はあります。その時になったらその時、つまり今はまだ臨戦状態には入っていない。だから、〝おとなになった時、困らないために勉強する〟と言われてもどこか気が抜けた感じになるのです。

＊

そこで私は言います。

「勉強は何のためにするのか、誰のためか、いいですか。高校生になったら自分のために勉強してください。高校生になると自分の才能・能力が何に向いているかわかってきます。また、高校生になって初めてでてくる力もあります。小学生ではわからない、中学生でもハッキリしない力です。それがでてきた時、自分はどうすればいいのか、自分のやりたいことは何なのか？　そこで自分のために勉強を始めればいいのです。」

――へーえ、自分のためじゃないの、今、勉強することは？

――じゃあ、誰のために勉強するの？

――わかんない。

――しなくてもいいんだ。

――しなきゃいけないよ。基礎なんだから。

――キソって何よ。

子どもたちは混乱します。自分のため、将来のためを思って勉強していたのに…、あらためて問われるとわからなくなるのです。

「では言いまぁ～す。勉強はお母ちゃんのためです。小学校、中学校の時まではお母ちゃんのためにするので～す。」（声を張りあげて力強く押え込むように言います）

――え、お母さんのため？

――どうして？

――わかった、いい点取ると喜ぶからだ。いい点取るとホメてくれる。また取っておいでと言う。

――ウチもそう。お母さんは七〇点はきらいだよ、八〇点以上取ってきておくれよ、と言う。いい点取ると、やっぱりお母さんの子だと言われた。

＊

「そうだろう。いい成績取ってくると家で一番先に喜ぶのはお母ちゃんだろう。勉強は一番喜んでくれる人のためにする。本人以上に喜んだり、ガッカリするのがお母ちゃんだろう。お母ちゃんをガッカリさせない、お母ちゃんを喜ばせる、それが子どもの仕事なんだ!!」

――エッ、子どもの仕事？

「そうだ仕事だ。お父ちゃん、お母ちゃんは世のため人のために、そして家族が安心して生活していけるために仕事をしているだろう。君たちがこの〝楽校〟に来られたのは誰のおかげだ？　今回の会費を自分の貯金から出した人？

誰もいないだろう。みんな親が出してくれたんだよ。この二泊三日の〝楽校〟がわが子にとって楽しい旅行となり、きっと何か持って帰るに違いないと思っているんだよ。それを親の期待って言うんだ。高いお金を出したけど子どもが喜こべばいい、楽しめばいい、それを親心と言う。親心に応える、それが勉強する目的だよ。親を喜ばせる、それが子どもとしての仕事となる――。」

一年生から六年生までの子どもたちみながシーンとなる。予想通りの反応です。

「では諸君――。」（この言い方は宮沢賢治の顰《ひそみ》に倣った。辞書によれば、諸君とは〝もろもろの中のあなた〟、大勢の中のキミ、キミたちではなく一人ひとりに呼びかけている、の意）

ここから口角沫《あわ》を飛ばしながら一気にまくし立てます。子どもたちは唖然《あぜん》とします。そんなことはおかまいなし、一気呵成《いっきかせい》にいきます。

「お母ちゃん喜ぶ、会社から帰ってくたびれているお父ちゃんに話す。お父ちゃん喜ぶ、元気になって翌日会社にいく。ニコニコしながら仕事をしている。会社の同僚に話す。へえ、そんなことあるんだと話が広がっていく。仕事がはずむ、成績があがる、やがて会社が景気よくなる、暮れのボーナスがでる、たくさん貰えた、お父ちゃん気分がいい、時はクリスマスイヴ、ケーキを買う、そうだふんぱつしてと一万円のデコレーションケーキになる、そしてキミたちの前に現れる、子ども喜ぶ。ここで、お母ちゃんを喜こばした答えがでる!! 世間ではこのことを〝風が吹けば桶屋《おけ》が儲かる〟という。」（パパパン、パン――張扇《はりせん》たたくと子どもを見廻す）

――そんなにウマくいくかな？（といった声あり）

＊

子どもたちの顔に安堵《あんど》の色が見えます。自分のためにやらなくていいんだ、という何かホッとした表情になります。

――勉強はお母さんのためだとは知らなかった。

――お母さんがわかるように、説明できる力を持たなくちゃいけないってこと？

「そうだよ。お母ちゃんにきょう勉強したことを正確に伝えるための通訳なんだよ。通訳が間違って聞いていたとしたら全然違ってしまうだろう？」

ふーんそんなものか、という顔付きになります。

私はお母さん方にも同じ話をします。

「もし知ってることでも、当たり前のことでも、初めて知ったような顔して〝お母さん知らなかったよ。いいこと教えてくれたね、勉強になった〟と相槌《あいづち》を打ってください。子どもは伝えてよかったと喜びます。」

学校の授業にはこれが少なすぎます。これはぜひお母さんに伝えよう、お父さんに教えようというワクワクしたものがないのです。

私は常にそれを心がけています。

子どもたちは親の喜ぶ顔を目に浮かべます。そして親に話す時の子どもの息づかいが、〝またあしたもしっかり通訳できるように勉強してこよう〟という気持ちを伝えます。〝なんとかも、おだてりゃ木に登る〟。

その仕掛け作りを親や教師たちはしなくてはならないということになります。

第４話 カバゴン夏楽校 in 上州高山村

「今、子どもにとって放課後とは何？」と考える人たちが増えています。私もその一人です。働くお母さんが増えている今、親として一番心配なのが、学校が終わったあと、母親や父親が家に戻るまでのわが子の在りようです。

子どもたちの放課後、どう過ごすか？　それにかかわるおとなたちの対応はどうあったらよいのか？　私は私としてのその答えを持ち、実践しています。それをここで公開します。

高山村

群馬県の高原の村、〝高山村《たかやま》〟というところで子どもたちの夏の学習をやっていただけませんか？――「そういう人がいるんです」と、ある日埼玉県の熊谷市で高齢者施設を経営する友人が話してくれました。「高山村って聞いたことがある」と思いましたが、何で聞いたことがあったのか思い出せません。群馬県の地図を広げてながめていたら〝県立ぐんま天文台〟という字が目に飛び込んできました。東京と長野にある国立天文台は別格ですが、兵庫県立西はりま天文台と並び日本中でもう一ヶ所、大天文台のある村、それが高山村だったのです。「ホントかよ。」急に興味が涌きました。いつか行ってみたいと思っていた天文台、それが向こうからやって来た。さっそくその人にお会いすることにしました。

田部井功さんです。埼玉県内のビルのメンテナンスを数多くやっている会社の社長で、地元Jリーグ・

サッカーチームの熱烈なファン、応援団長みたいな方でした。頂いた名刺には〝群馬県高山村観光大使〟とありました。

「二〇〇六年から高山村の諸施設の運営をやってきました。ハード面は充実してきましたがソフト面の方はこれからです。お力貸してください。」

率直で何より私と波長が合う方だなと思いました。その場で現地視察が二〇〇七年五月一二、一三日に決まりました。

上越新幹線で〝上毛高原駅《じょうもうこうげん》〟下車、南へ車で約二〇分、「おー、箱根仙石原か、スイスの高原か。」上州といえば草津《くさつ》、四万《しま》、伊香保《いかほ》、水上《みなかみ》と、みな山と谷あいの感じですが、ここはどうしたこと。翌日ぐんま天文台に――。

聞きしにまさる、こんな大天文台を群馬県が造っていたとは!!　そのスケールの大きさ、世界的な天文学者古在由秀館長並びに学芸員の方々のレベルの高さ。

「もう決まり！　ここだけでいい…、やりましょう、やりましょう」と一人で興奮しっぱなし。そのうえ、ここは俳優の津川雅彦さんがイギリスから大理石の城を持ってきたという、以前話題になったロックハート城がある村でもあったのです。

その後はトントン拍子です。

とりあえず夏休みに二泊三日の〝カバゴン夏楽校〟を三コース、星空とガッチリ勉強、そして古城見学――。盛り沢山のスケジュールで家に帰ったらみなバタン、キューに！　夜、子どもがどこまで起きていられるか、おとながどこまで付き合えるか、そんな合宿にしたい。

具体的に動き出したのが六月中旬。〝子ども自然学習体験実行委員会〟が作られ、会長は田部井さん、私は楽校長。生活・安全・スケジュール面は田部井さん、教育内容・実施面は私と山田ちづ子さん（教育支援協会さいたま支部）。責任分担をハッキリさせて事にのぞむことにしました。

◆教育面（授業は①②の二つにしぼる）

①漢字はこんなにおもしろい

最低小学校二年生までの音・訓読み二四〇字（一年生八〇字、二年生一六〇字）を読めるようにする。

②サイエンスはこんなにおもしろい

いろいろ作れるシャボン玉。夜しか作れないシャボン玉のふしぎに迫る。

③何といっても天文台

夜、大望遠鏡をのぞく。一等星、ベガや木星に出合えるか。昼は大日時計、太陽の運行を目撃できるか。

④畑と水あそび

村の自然に出合えるか。畑の収穫に参加、川あそび・温泉プールで何ができるか。

⑤一流シェフによる食事六回のよろこび

最高のものを作ってもらう。最高のものとは何か。

第一班が七月三一日～八月二日、第二班が八月一八～二〇日、第三班が八月二一日～二三日の三コース。各班二五～四〇人の子どもにおとなが十数名。

さてさて！　〝カバゴン夏楽校in上州高山村〟の始まりで～す!!

さっそくその風景をのぞいてみましょう。

国民宿舎プラネットわらび荘から見た高山村ってこんな高原です。

大宮駅。上越新幹線“ＭＡＸとき”に乗り込む第２班の子どもたち。

夏合宿の始まり！

大宮駅。仕掛人、田部井功さんと。

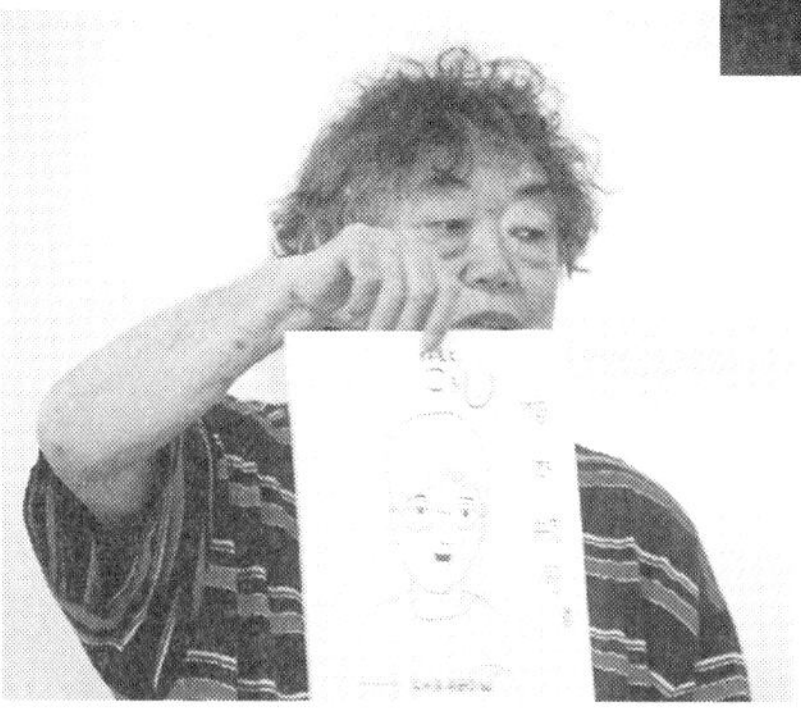

◀ 似顔絵。参加者全員に私が描きます。

上毛高原駅前。第２班の子どもたちと記念写真。

カバゴンと新幹線で行く

カバゴン夏楽校 in 上州高山村

2泊3日

高山村ふれあいプラザ

カバゴンこと
阿部進先生

説明会

7月10日(火)
7月19日(木)
14:00〜15:00
会場：高山村大使館
(高山村インフォメーションセンター)
さいたま新都心駅東口すぐ
(中山道沿い武銀の南側)
参加希望者の保護者の方々は裏面申込書に必要事項を記載の上、FAXでお申込ください。
Fax 048-642-5216
Tel 050-1539-6240

日常を離れて過ごす3日間、大自然の中で、体と頭を使って様々な体験をします。新しい友達との出会いの中で「協調性」や「忍耐」「人間関係」も学びます。カリキュラムと指導はおもしろサイエンス(理科実験)でお馴染みのカバゴン先生。学び、遊び、働きながら社会体験をします。また、希望者には保護者参加コース(宿泊は子どもと別)もご用意しました。
今年の夏休みは上州高山村のカバゴン夏楽校で思いっきり、学び、遊び、体験をしませんか！

国民宿舎プラネットわらび荘

大宇宙と古城と大勉強会

あのイギリスの…???
ロックハート城

参加対象　小学校1年〜6年生

150cm 反射望遠鏡：直接覗くことができるものとしては世界最大クラスです

開催は3回(同内容)　各回40名限定(先着順)
第1班　7月31日(火)⇒8月1日(水)⇒8月2日(木)
第2班　8月18日(土)⇒8月19日(日)⇒8月20日(月)
第3班　8月21日(火)⇒8月22日(水)⇒8月23日(木)

参加費：25,800円(消費税込み)
受講料・教材費・宿泊費(2泊)・食事(7食)代、全て込み　※JR新幹線代は別途
保護者の方は「わらび荘」本館に宿泊可能です。(予約状況をお問い合わせください)

主催	子ども自然体験学習実行委員会
協力	NPO法人教育支援協会さいたま支部
協賛	高山村・高山村教育委員会 NPO法人さいたまスポーツクラブ
後援	さいたま市教育委員会

大宮駅に集合して新幹線(50分)で上毛高原駅に引率します。現地には駅からバスで送迎します。

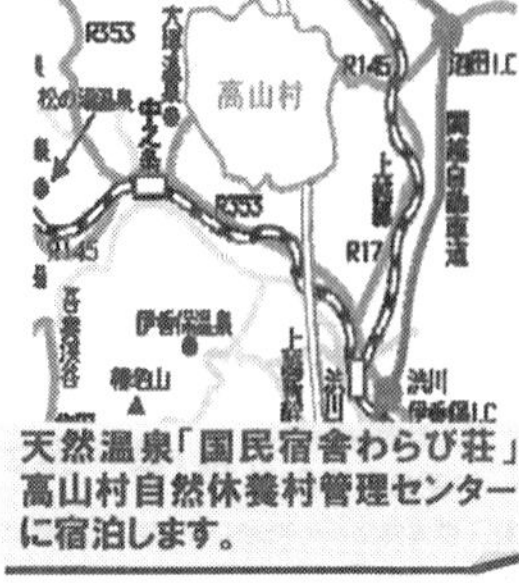

天然温泉「国民宿舎わらび荘」
高山村自然休養村管理センター
に宿泊します。

カバゴン夏楽校の内容

1	勉強づけ①	漢字の音と訓とがしっかり読める。 1年生は80字、できたら上へ挑戦、6年まで1006字。 大人の新聞が読めるかも（漢字の成り立ちも）。 講師：教育評論家　阿部　進先生
	勉強づけ②	 おもしろサイエンス・・ なぜ、どうして？を育てる授業。 20種類のシャボン玉作り、 熱気球を揚げるなど、 様々な実験教室です。 講師：教育評論家　阿部　進先生 
2	宇宙の果ては？	県立ぐんま天文台で宇宙をのぞく。 太陽の黒点、コロナにびっくり。 天文台長の古在由秀先生のお話を聞けるかも！ 世界最大級 150cmと 65cmの大望遠鏡で宇宙探検、 北斗七星、北極星、夏の大三角形をしっかり覚えよう 「県立ぐんま天文台・ストーンサークル」で記念写真もネ。  北野武監督作品の「監督・ばんざい」に出てくる
3	大自然	 広がる大自然で遊ぶ！ アルプス気分と牧歌的な自然を味わう 芝すべりからドロンコ天国まで　Tシャツ、パンツで遊ぼう。
4	7食付き	心を込めて作ったおいしい食事3日間の食事は、高山村で採れた食材を使った料理。 新宿の超高級ホテル仕様のハンバーグ、スパゲッティ、カレーライスまで全部手造り。 「そば打ち体験」もある。 
5	お城	ロックハート城 あのハリー・ポッターの…？　大理石のお城で夜の探検か？
6	だがしや楽校	 夏の楽校では3日間、ここだけのお金を発行。 子どもの3つの仕事（勉強、遊ぶ、働く）の報酬として、カバゴン券がもらえます。10カバゴンは100円の価値です。 仕事（草刈、掃除などの手伝い）をしてかせぐ体験をします。自分で働いて自分で使う、お土産を買うなどの社会体験です。

申込書⇒この用紙のままFAXしてください 048-642-5216

お名前《ふりがな》		保護者名	
学校名	小学校	学年	年生
ご住所	〒		
ご連絡先	ご自宅・携帯		
参加希望日 いずれかに○	第1班 ・ 第2班 ・ 第3班	保護者の参加	する・しない

さいたま新都心「子どもの居場所づくり事業」だがしや楽校風景

個人情報保護法の規定に則り厳重に取扱います。委員会活動のご案内のために利用することがあります。

「カバゴン夏楽校 in 上州高山村」プログラム（予定表）

日程	時間帯	2班（8月18日～20日）活動内容　参加者38人＋おとな14人	
第一日（一八日）土曜日	午前	8：30	大宮駅集合⇒9：18　大宮発MAXとき311号
		10:13	上毛高原着　送迎バスで「わらび荘研修センター」へ
		11:00	オリエンテーション　0.5h（研修センター）
		12:00	昼食（わらび荘）：52名
	午後	13:00	勉強づけ①（3h）：漢字はかせに挑戦!!（研修センター）
			★目標：3日間で最低各学年分＋αは到達
			（勉強時間7.5hで可能か？）
		16:00～17:30	おふろタイム1.5h（ふれあいプラザ大型風呂）
	夕夜	18:00	夕食（わらび荘）：52名
		19:30～20:30	勉強づけ②（1h）：
			天文台（恒星、惑星を1500ミリの望遠鏡でのぞく）
		21:00	フリータイム　漢字マスター（1h）　22:00就寝
第二日（一九日）日曜日	午前	6：30	起床　6：50ラジオ体操（NHK第1）
		7：00～7：30	仕事の体験①　0.5h（掃除・お手伝い等々）
		8：00	朝食（わらび荘）：51名
		9：00	勉強づけ③（3h）：おもしろサイエンス（研修センター）
		12:00	昼食（わらび荘）：52名
	午後	13:30～14:30	勉強づけ④（1h）：天文台へ
			（太陽観察、ストーンサクール）
		15:30～17:30	ふれあいプラザ大型風呂・温水プール付（2h）
	夕夜	18:00	夕食（ロックハート城レストランでカレーライス）52名
		19:00～20:00	勉強づけ⑤（1h）：ロックハート城（6つの石体験）
			花火大会見学・お化けの話
		21:30	フリータイム　漢字マスター（1h）　22:30就寝
第三日（二〇日）月曜日	午前	6：30	起床　6：50ラジオ体操（NHK第1）
		7：00～7：30	仕事の体験①　0.5h（掃除・お手伝い等々）
		8：00	朝食（わらび荘）：51名
		9：00	荷物整理
		9：30	勉強づけ⑥（2.5h）：再び漢字はかせに挑戦!!（研修センター）
		12:00	昼食（わらび荘）：52名
	午後	13:00	勉強づけ⑦（2h）：自然観察及び自然体験
			野菜収穫体験（とうもろこし他）・沢ガニ捕り
		15:30	わらび荘で記念撮影後、上毛高原駅に出発
			（現地集合・現地解散の方はここで解散）
			・Maxたにがわ418号　16:19→17:14　大宮着

なぜ漢字？

「漢字、好きな人ー。」

――シーン。

「きらいな人？」

――ハーイ、ハイ、ハイ、ハイ。（当然というように元気がいい声、あちこち）

「どうしてキライ？」

――めんどうくさい、つまんない。

――大変、書くのがイヤ。

――カタカナやひらがなで十分、漢字知らなくてもしゃべれる。英語の方がいい。

——そうだ、どうして英語じゃないの？

「漢字はできれば覚えたくないということ？」

——そうそう、漢字知らなくても生きていける。昔、江戸時代には読めない人がいっぱいいたんだって。

読めなくても生活に困らない人がいっぱいいたんだって。今はパソコンで読めるし、書けなくてもパソコンが書いてくれる。別に困らない。

「ところで漢字って、昔から日本にあったと思う人？」

——ハイ、ハイ。（これはどこでも半数は手をあげる）

「よその国から来たと思う人？」

——ハイ、ハイ。（これもどこでも半数。どこの国かでいろいろ分かれるが大筋は変わらない——①アメリカ、②イギリス、③ドイツ、④中国、⑤韓国、以下インド、エジプト、ロシアと続く。周囲のおとな、教師たち、おどろく）

でもこれはおどろくに値しない。どこの国から来たのかハッキリと教わっていない、教えていないだけの話。中国由来であることを初めから子どもたちは知ってるという教師の思い込み。だから誰もあらためて子どもたちに質問していないだけの話。

「漢字は今から四〇〇〇年ぐらい前に中国で生まれ、中国ではずうーっとそのままできました。日本に伝わってきたのはお隣の朝鮮半島から一九〇〇年ぐらい前です。すばらしい文字だけどもっと使いやすくできないかと、一六〇〇年前頃にカタカナの祖先である万葉仮名というのが生まれました。漢字カタカナ混じりの文が書けるようになりました。これは奈良に都があった頃に盛んになります。そして女の人の間からひらがなが生まれました。京都に都が移った一二〇〇年前頃です。藤原時平《ふじわらのときひら》という人が、漢字だけで行きましょうという菅原道真《すがわらのみちざね》の考えを退けて漢字ひらがな混じりの文を書くように広めたのです。誰でも文字を使って生活できるようにしたのです。

中国は今でも漢字だけです。カタカナもひらがなもありません。昔のむずかしい字を〝略字〟といって簡単に直して使っています。

でも漢字のすばらしさは、字を見ていると意味がわかっちゃうところにあります。字の形には約束ごとがあります。〝氵《サンズイ》〟がでてきたら〝水〟に関係あり、〝木《キヘン》〟がでてくれば〝植物〟、〝月《ニクヅキ》〟だったら〝からだ〟に関係があるとわかっちゃうことです。英語でseaと書けば〝海〟のことです。でもs,e,aと一つひとつ読んでも海の意味をイメージできません。seaと並べて書くことで海と読む約束です。

漢字で〝うみ〟は〝海〟と書きます。〝サンズイ〟と〝人《ひと》〟（カバゴン式読み方）と〝母《はは》〟とを合わせた字です。〝水〟は〝人〟の〝お母さん〟。だから、海はすべての生きもののお母さんということ。」

――へえ、そうなんだ！　知らなかった。ほかの字も？　そうなの？

「そうだよ。漢字には全部、意味があるんだよ。ところで漢字の数は何万とある。中国の子どもたちは約一万字覚えないとおとなの新聞や本が読めない。だから略字にして何とかたくさん覚えさせようと大変なんだ。日本のキミたちは幸せだよ。何字ぐらい読めれば新聞や本がスラスラと読めると思う？」

――二万字、三万字。

――違うよ、だってカタカナやひらがなもあるんだから。

――そうだそうだ、もっと少なくていい。

――五〇〇〇字ぐらい。

――そうだな五〇〇〇字、それで決まりだ。

「そうか五〇〇〇字か。大変だな。」

――だから大変、やっぱ覚えるの大変。

「ホントウのところを言うと、いいか、約一五〇〇字、できれば一八〇〇字。」

――それっぽっち？　ウソー、そんな少ないの？

「そう、中国の七分の一でいいんだよ。」

――そんなもん？

「そんなもんだよ。小学校では何字習うか知っている？」

――……。（わかんないらしい。これはだいたいどこでもそう。漢字の学年配当数についてキチンと教えてもらっていない場合が多い）

「一〇〇六字。六字ってハンパだね。一五〇〇字読めれば本も新聞も読めるとなると、あと五〇〇字。中学では新しく一〇〇〇字ぐらい習うから中学二年生ですっかりおとなの仲間入りだよ。誰のおかげかな？　昔の人が一生懸命《いっしょうけんめい》カタカナ、ひらがな混じりの日本的な漢字の使い方を考え出してくれたから、昔の人に感謝しなくちゃ。感謝の心で漢字をまずしっかり読めるようになろうよ。」

――……。

カバゴンのやり方は学校と違う。読むだけ。ただ、ただ、考えないで目の前にある字を声に出して読むだけ。そこから始まる…。

なりたち

ナゾなぞです。

「別の場所で別の人びとによって作られたのに、意味も書き方も同じで、いくら時がたってもほとんど変化しなかった字があります。なんだかわかりますか。」

これは『新訂　漢字なりたち辞典　藤堂方式　小学校版』（藤堂明保監修、ニュートプレス編・発行、初版一九九一年、八刷二〇〇一年）の「1、数《かず》」というところの三三頁にでている言葉です。

答えは数字の〝一〟です。

アラビア数字は1、漢数字は一、ローマ数字はⅠ。比べてみればヨコイチ、タテイチ、どれも〝一本の棒〟か〝一本の線〟。考え方はみな同じです。どれも、〝（数《かず》の）ひとつ〟や〝始まり〟などを意味します。

漢字の十《ジュウ》はおしまいの意味、〝一から十まで〟といえば、始めから終わりまで、何から何までという意味だと藤堂先生は言っています。

私はほかのどの漢字辞典、国語辞典よりもすばらしいと思います。ところが書店に行くと、この辞典はほとんど見当たりません。講談社・小学館・学研・旺文社刊のものばかりで「ニュートン・プレス社？　知りませんね、聞いたことがありません」との返事。「取り寄せてください」というと「時間がかかりますよ」と言われます。近くの図書館にはもちろん、学校の図書室にもありません。こんなにわかりやすい辞書なのに悲しいことです。

何といっても漢字のなりたちを一一に分けて、仲間はコレコレだよと教えてくれています。たとえば小学生の全学年配当漢字一〇〇六字中、〝水《みず》〟の仲間は四七文字、〝川《かわ》〟の仲間は〝州《シュウ》〟だけ、〝山《やま》〟の仲間は〝岸《きし》〟〝岩《いわ》〟〝島《しま》〟の三つだけ、〝人《ひと》〟の仲間は四六文字…。

そうやって見ていくと、おもしろくてたまらなくなりました。一〇〇六字の小学校漢字が目の前で踊り出してきました。

木を目で見れば、木と向き合う形になり、互いに向き合う関係を意味するから〝相〟（ソウ・ショウ・あい）と書く（同書六八頁）。〝艮〟（コン・ガン）は〝目〟と〝匕〟（ナイフ）の合わせ字で、ナイフで突くと傷あとが残ることから、目のまわりに傷あとがじっと残るの意味、そしてガイコツになってもいつまでも残る目のあなは〝眼〟（ガン・ゲン・まなこ）と書く（同書六九頁）。〝化〟は、〝亻〟（きちんと立った人）と〝匕〟（しゃがんだ人）とを表わした合わせ字だから、立ったり坐ったりして形を変えている様子が〝化け

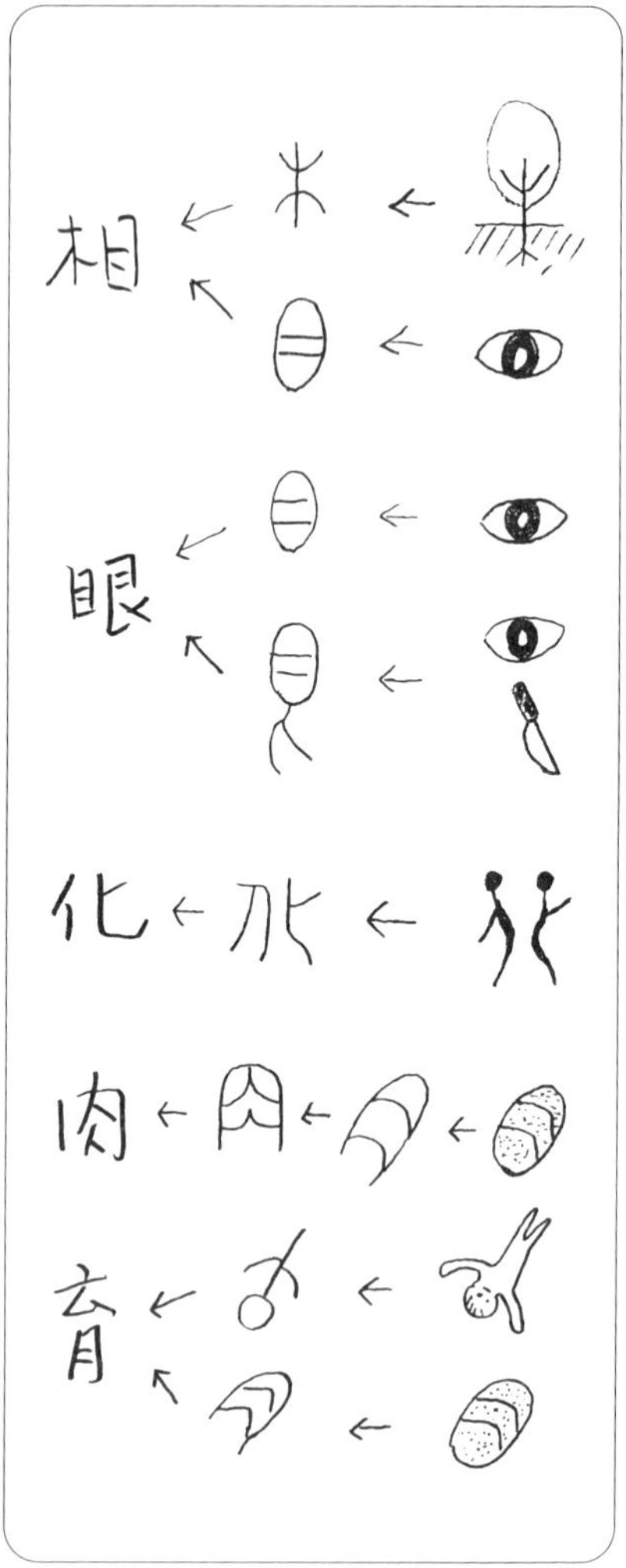

る〃（カ・ケ・ばける・ばかす）となる（同書三七頁）。ナルホド、なるほど…。

〃肉《ニク》〃は二本のすじが見えている細長いにくのひときれを描いた字で、人のからだの意味（同書四三〇頁）。ニクは音読みで、訓読みの読み方はない。

〃月《つき》〃はニクヅキといって肉の仲間。これはおどろき。〃育〃（イク・そだつ・そだてる）の〃𠫓〃は、𠫓で、子の字のさかさま、つまり赤ん坊があたまを下にして生まれてくること、〃月〃は体の肉（同書四三一頁）。つまり、肉がついてふとる赤ん坊。ちぃさい子ども、言うことをきかない悪い子どもにもちゃんとごはんを食べさせなさいよ、それが〃育てる〃ということですよ、というわけです。言うことを聞かないからといって食べものを与えない親がいます。これは〃育てる〃の意味を知らない人です。

やあ、おもしろい。こんな楽しいのに、なぜ子どもたちは漢字をイヤがるのか？　私流に考えてみました。

まず、字がどうしてできてきたか、そのなりたちを教わっていないことです。

「〝∠〟これは〝下〟、それじゃ〝⌒〟これは？」

――わかった〝上〟だ。

モノ（〝〇〟）の真ン中にタテ棒を入れると〝中《なか》〟という意味がある。カタカナ・ひらがなはアルファベットと同じように、一字一字は意味を持たない。〝は〟や〝ハ〟は〝歯〟かも知れないし〝葉〟かも知れない。漢字は一字一字で独立しています。でも学校では二字または四字を組み合わせて〝熟語〟として教えています。また、はじめに訓読みとしてでてきた字はとりあえず訓読みだけにして、音読みはあとになって読み替えの字としてでてきます。そして、でてきた字の正しい書順、その持っている意味、その使い方を、文章作りの新しい仲間として細かく教えていきます。教える側にとってはきわめて当然のやり方として続けてきた方式なのでしょう。しかしその結果、こんな例が紹介されました。

ある研究所の「読み」の調査で、一年生のうち〝八《や》っつ〟を〝ハチツ〟と間違って読んでいる子が半分近くもいた（各紙で大きく報道され、「読売新聞」（二〇〇七年五月八日付）には夕刊のトップページ、カラー版で掲載されました）。これは子どもの責任ではありません。教わったかも知れないけれど、キチンと訓読みとして日本では〝や〟または〝やっつ〟だと教わっていない。つまり教える側が反省しなくてはいけない問題です。

あれもこれもと細かく教えていくのではなく、意味も何も考えずひたすら「読み」だけにする。敷居を低くして、それだけに徹底することで漢字学習の力を高める方法はないか？　そうだ、藤堂先生の藤堂式一一分類を学年別に組み立て直してやってみてはどうか？　そこでまず私は『漢字なりたち辞典』から全学年配

小学一年生の学年配当漢字80字のうちわけ

分　類	小　計	合　計
1　数	12	17
2　点・線	5	
3　顔	7	35
4　手	2	
5　足	3	
6　全身	11	
7　生活	10	
8　道具	2	
9　動物	3	28
10　植物	12	
11　自然	13	

小学生の全学年配当漢字1006字のうちわけ

分　類	小　計	合　計
1　数	18	26
2　点・線	8	
3　顔	105	680
4　手	84	
5　足	57	
6　全身	153	
7　生活	174	
8　道具	107	
9　動物	54	300
10　植物	102	
11　自然	144	

出典：藤堂明保監修『新訂　漢字なりたち辞典　藤堂方式　小学生版』（ニュートンプレス編・発行、1991年）より。原本の分類の順番（動物・植物・自然・生活・道具）を入れ替えました。集計は私が行いました。

当漢字一〇〇六字の拾い読みをしてみました。別表のようになりました。

小学校で習う漢字一〇〇六字のうち、なんと六八〇字（全体の約七〇％）が人のからだや生活、道具に関係していることがわかりました。何らかの形で直接的に人（自分）と関係している字が三分の二も占めているということです。偶然でしょうが、これは人体の三分の二が水分、地球の三分の二が海であることと一致しています。漢字を知るということは自分を知るということです。自分自身は何者なのか？　なぜ生まれ、生きてそして死ぬのか？　いのちは引き継がれて永遠の生命となっていく、それを紐《ひも》解いていく道が漢字の中に隠されているのだと思いました。背中がゾクゾクしてきました。

――分類、学年別支分けによる〝カバゴン

式漢字表〟作りは大変でしたが気分がいいものでした（八四頁の表を参照）。何度も何度も組み立て直し、声を出しながら語呂のいい順番に並べ替えて、やっと全学年完了しました。足かけ三年かかってこの形ができあがったのです。はじめはすべて手書きだったので、なるべく字体の個性を出さないように、誰が見ても〝河〟は〝かわ〟、〝着〟は〝ちゃく〟とわかるように書くのに、字のバランスのむずかしさを思い知らされました。

一年生八〇字、二年生一六〇字、三・四年生各二〇〇字、五年生一八五字、六年生一八一字、合計一〇〇六字を順番に、ひたすらに音・訓読みだけ、ほかのことは考えないで「一字読み」だけをやる。一年生用が終わったら二年生用から六年生用までやれるだけ昇りつめてかまわない。イケ、行け、ドンドン〝外しちゃいけない屋根屋のふんどし、粋《いき》な姐《ねえ》さん立ち小便〟（ふう天の寅さんの極めゼリフ）。何だかわからないが行ってしまおう。

この〝カバゴン方式〟、まず私の拠り所である〝横浜スペース南〟（横浜市の文教施設）や横浜・戸塚区の〝川上小はまっ子ふれあいスクール〟、同・青葉区の〝つつじが丘小放課後キッズクラブ〟（いずれも放課後子ども教室（一七五頁参照））で実践してみました。続々と小学校〝漢字はかせ〟が誕生しました。二年生で六年までに習う一〇〇六字すべてをクリアした子もいます。「中学校の〝漢字はかせ〟はないの？　早く作ってカバゴン」と追い立てられています。だから高山村の〝カバゴン夏楽校〟でも、まずコレから始めたわけです。

お経を読む

「漢字覚えるのにダラダラはやりません。」

――ダラダラって?

「学校では、新しくでてきた字、まず読み方習うよね。次に書き順、次に約束にしたがってハネるとかハラうとか、まるめるとか…」

――そう、それが大変なんだよ。覚えるのやんなっちゃう。何回も書かされる、一〇回なんかじゃない。ノート一ページ分全部とか二ページとか。新しい字がでると、これでやんなっちゃう。一ぺんに五字、六字でたらもっと大変だよ。

「それから一つひとつの漢字にはどんな意味があって、どんな時、どんなふうに使うかっていう練習も大変だよね。」

——そうだ、それが一番むずかしい。

「発音もあるよ。食べる飴玉のアメと降ってくる雨のアメは違う。雨は大阪じゃアメ、東京じゃアメ、力の入るところが違う。」（知ってるゥーと感心の声）

——いっぺんにいろいろ覚えなくちゃいけない。だからやんなっちゃう。漢字がなければこの世の中は幸せって思う時、いっぱい。（そうだ、そうだの声）

「ここは違うよ。敷居が低いんだよ。」

——シキイって何？

「玄関の敷居が高いとか低いとか聞いたことない？　日本にはたとえ話やたとえコトバが多い。〝あの家は敷居が高くてね〟と言ったら〝あの家は入りづらい。行きづらい。ついつい行かなくなる〟という意味。カバゴンはみんなが漢字いやがるわけをそう考えたんだ。いっぺんにあれこれ教えるのではなく、敷居をグーッと低くし、漢字の世界に入りやすくしちゃう。授業で新しい漢字がでてきたらそのたんびに教えるんじゃなくて、一年生なら八〇字、二年生なら一六〇字いっぺんに教えちゃう。」

——やーだ、その方が大変だよ。いろいろ読み方があるもん。〝上〟だったら〝うえ〟って読むけど、〝ジョウ〟〝あがる〟〝のぼる〟〝かみ〟とも読む。〝下〟はもっと大変だよ。〝ゲ〟〝した〟〝しも〟〝もと〟〝さげる〟〝くだる〟〝おりる〟…えーと。（サスガ六年生）

「そう、それが敷居なの。敷居を低くして最低限の読み方だけにする。まず頭の中で考えない。何と読んで

小学１年生版カバゴン式漢字表

（１枚目）

一	いち	ひ
二	に	ふ
三	さん	み
四	し	よ
五	ご	い
六	ろく	む
七	しち	な
八	はち	や
九	く(きゅう)	こ
十	じゅう	とう
百	ひゃく	―
千	せん	ち
上	じょう	うえ
中	ちゅう	なか
下	げ	した
入	にゅう	はい(る)
小	しょう	ちい(さい)
目	もく	め
見	けん	み(る)
耳	じ	みみ
口	こう	くち
右	う	みぎ
名	めい	な
音	おん	おと
手	しゅ	て
力	りき	ちから
正	せい	ただ(しい)
出	しゅつ	で(る)
足	そく	あし

（２枚目）

大	だい	おお(きい)
天	てん	―
王	おう	―
立	りつ	た(つ)
人	じん	ひと
休	きゅう	やす(み)
先	せん	さき
女	じょ	おんな
子	し	こ
学	がく	まな(ぶ)
字	じ	あざ
田	でん	た
男	だん	おとこ
町	ちょう	まち
円	えん	まる(い)
糸	し	いと
玉	ぎょく	たま
白	はく	しろ
赤	せき	あか
青	せい	あお
文	ぶん	ふみ
車	しゃ	くるま
左	さ	ひだり
犬	けん	いぬ
虫	ちゅう	むし
貝	―	かい
生	せい	う(まれ)
花	か	はな
草	そう	くさ
竹	ちく	たけ
早	そう	はや(い)
木	もく	き

（３枚目）

本	ほん	もと
村	そん	むら
林	りん	はやし
森	しん	もり
校	こう	―
年	ねん	とし
日	にち	ひ
月	げつ	つき
夕	せき	ゆう
空	くう	そら
雨	う	あめ
気	き	―
水	すい	みず
火	か	ひ
山	さん	やま
川	せん	かわ
土	ど	つち
石	せき	いし
金	きん	かね
1		かず
2		てん・せん
3		かお
4		て
5		あし
6		ぜんしん
7		せいかつ
8		どうぐ
9		どうぶつ
10		しょくぶつ
11		しぜん

＊音読み右側、訓読み左側。

＊小学２年生以上の漢字表では、音読みのふりがながカタカナ表記になります。

何画《かく》でどんな意味かって考えない。頭の中を真っ白か、空っぽにして目の前の字だけ読む。これがカバゴンの発明した漢字表（ホントウの発明者は漢字の神様といわれる藤堂明保先生）。みて、みてー。（別表）

真ン中に漢字、その右側にふりがな（二年生以上はカタカナ）が振ってある。これは中国から来た読み方で読む。」

――知ってるよ、音読みだよ。

――へえー、オンよみっていうの？

――知らなかった、中国の人の読み方なの…。

「中国の人たちの今の読み方は違うけど、昔の発声、発音の仕方がそういうの。一年生用漢字表の一枚目を見てください。一、二、三…中国読みで発音してみるね。イー・アル・サン・スー・ウー・リィゥ・チィー・パー…。」

――わかった。ウーは五、リィゥは六、チィーは七、パーは八。（パチパチパチ）

「そう、じゃ漢字表を読んでみるよ。イチ・ニィ・サン・シィ・ゴォ・ロク・シチ・ハチ・ク・ジュウ・ヒャク・セン。一年生で習う〝数〟の仲間の漢字は全部で一二字。これでおしまい。」

――そうか、数字の仲間なんだ。

「そう、六年生まで入れても〝数〟の仲間は全部で一八だけ。」

――えッ、そんなに少ないのォ？

「そんなに少ないんです。一年生で習う一二字に、〝一〟の仲間の〝万〟と〝世〟、〝十〟の仲間の〝卒〟と〝協〟と〝博〟、それに〝八〟の仲間の〝公〟、この六字を加えた合計一八字ですべてなんです。いっぺんに覚えられそうだろう？　簡単そうだろう？」

――なんとなく、そうみたい、できるかも。

「藤堂先生はそこで考えた。字の仲間別で考えたんだ。どんな仲間があるか、上から見ていって見よーッ

（子どもたち、別表（八四頁）の一年生用漢字表に注目）。字の形が似ているのが集まってるよ。声に出して読んでみるから何の仲間か考えてみよう。一から千までの一二字は〝数〟の仲間。次、ジョウ・チュウ・ゲ・ニュウ・ショウの五字は何の仲間かな？」

——位置？

「そう、この仲間は字のなりたちがすべて〝テン〟や〝線〟でつながっている。これらは状態や方向といった形に表わせないモノが記号を使って文字になったものです。ここでは五字覚える。あと〝回〟〝予〟〝少〟の三字が加わって小学校では全部で八字。」

——そんなに少ないの？　すぐ全部覚えられるって気分。

「次、行ってみよう。モク、ケン、ジ、コウ、ウ、メイ、オンまで七字だ。さあ何の仲間かな？」

——もしかすると顔？

「どうして？」

——だって〝目〟も〝見〟も〝耳〟も〝右〟も〝名〟も〝音〟もみんな口がついてるし、それに〝音〟は口からでる声でもあるし…。

「そう、〝顔〟の仲間！　同じように〝手〟〝足〟〝全身〟〝生活〟〝道具〟〝動物〟〝植物〟〝自然〟の仲間が続いて全部で一一に分類したんだ。もっとも藤堂先生は動物・植物・自然の次に生活・道具という順番でした。先生にしかられるかもしれないけど、カバゴンがこっちの方が並べやすいと勝手に変えたんだ。それぞれの仲間が漢字表のどこに入っているかを探せば、だいたいの読み方、発音がわかる。どこか似た音のはず。カバゴンが同じような発音やそれに近いものを各学年ごとに何百回も並べ替えてやっと完成させた順番だ。」

――（パチパチ）大変だったんだ。ごくろうさまでした。

「そこでだ、ただ並べただけではダメだと思った。」

――思った？

「ただ上から順番に、一字一字をだらだら読み流していてはダメだということ。リズムとテンポが大切だ。何字ずつ読んだらいい？　まずイチ、ニィ、サン、と一字ずつしっかり読んでみた。次にイチ・ニィ、サン・シィー、と二字ずつ。そしてイチ・ニィ・サン、シー・ゴォ・ロク、と三字ずつ。さらに四字ずつ、五字ずつと。その結果、三字ずつが一番調子いいってことがわかった。そうだ、これはアレの読み方だ！」

――あれって、何、ナニ、教えて教えて。

「観音《かんのん》さまを南無観世音菩薩《ナムカンゼオンボサツ》という。詰まるとナ・ム・カンと三字読みになる。イチ・ニィ・サン、イチ・ニィ・サンと三字ずつ読んでみよう。いいか、行くぞ。イチ・ニィ・サン、はい！」

――イチ・ニィ・サン。

「シィ・ゴォ・ロク。」

――シィ・ゴォ・ロク。

「シチ・ハチ・ク。」

――シチ・ハチ・ク。

「元気よく、ジュウ・ヒャク・セン！」

検定用・小学１年生版カバゴン式漢字表

（１枚目）

一二三	十百千	入小	名音
四五六		目見	手力
七八九	上中下	耳口右	正出足

（２枚目）

大天王	学字	白赤青	犬虫貝
立人休	田男町	文	生花草
先女子	円糸玉	車左	竹早木

（３枚目）

本村林	空雨気	金
森校年	水火山	
日月夕	川土石	

＊検定合格後は“書き取り”をします。

――ジュウ・ヒャク・セン！

「うまい、うまい、その調子。」

――うまい、うまい、その調子！

「それは言わなくていい。続いてジョウ・チュウ・ゲ。ひと呼吸休んで、ニュウ・ショウ。はい！」（という調子で、目も頭の中もひたすらカタカナ読みをくり返す。何回かやってみたら、今度は漢字表をひっくり返す。ウラ面は漢字だけ（別表）。目は字を追う。口から自然にイチ・ニィ・サンとでてくればしめたもの）

「〝手〟の仲間はシュ・リキの二字です。さあ、それでは上下《ジョウゲ》手を振り、これもイチ・ニィ・サンのやり方で。そうその調子、からだ全体で、そう立ってみよう。〝足〟の仲間はセイ・シュツ・ソク…。ハイ、二枚目。ダイ・テン・オウ、リツ・ジン・キュウ、セン・ジョ・シ、ガク・ジ…、ここまでが〝全身〟。デン・ダン・チョウ、エン・シ・ギョク、ハク・セキ・セイ、そしてブン…、この一〇字は〝生活〟。続いて〝道具〟、シャ・サ…。」

――カバゴン、ちょっと待って、聞いていい？

「ああ、何？」

――さっきさ、〝右〟はさあ、〝顔〟の仲間って言ったよね。〝左〟はどうして〝道具〟なの？

――そうだ、ヘンだよ。なぜ？

「よくぞ聞いてくれました。よくぞ、気がつきましたね。エライ、ここでカバゴン券*一枚だね。」

――ワーイ、やった、やった！

「〝左〟はどう書く？　書き順。」

――ハイ、ヨコイチ書いてから、ななめ。

「〝右〟はななめ書いてヨコイチだよね。なぜ順番が違う？」

――ハイ、そう昔から決まってるからです。テストにもさ、でるよ。塾の先生が中学の試験には必ずでるって言ってた。

＊カバゴン券（カバ券）とは…

1カバ、5カバ、10カバ券がある。

いわゆるエコマネー・地域通貨の子ども版。消費社会の中で子どものお小遣いの額を超えた高級おもちゃやお菓子が大量に商品化されている現在、かつて子どもたちの心をワクワクさせた“だがしや”的な経済生活圏（買い物空間）はほぼ解体されてしまったといえる。この“だがしや”的空間を各地域の子ども社会に復活させる運動の一つとして生み出された通貨が「カバゴン券」。子どもたちは、親から与えられたお小遣いではなく、子どもの想像性、親和性、社会性にとって大切な“勉強”“あそび”“お手伝い”という“子どもの三つの仕事”を楽しみながらこの「カバ券」を手にすることができる。

かつての“子ども世界”には子ども値段の経済生活圏があった。「カバ券」のレートは1カバ＝10円、“うまい棒”一本の額である。“三つの仕事”の内容によって1～20カバ（10～200円）が得られるが、たとえば、小学校で習う全学年配当漢字1006字すべてを習得すると105カバ＝1050円相当の額となる。この「カバ券」を手に子どもたちは地域の“だがしや”空間で心ゆくまで買い物に興じることができる。

おとな世界が奪った“だがしや”的子ども世界、これを取り戻すことが目的。

（「カバ券」の基本的な発想、仕組みについては184～90頁をごらんください。）

「なぜ違うか教わった人？」

――シーン。

「無しか。じゃ教えてやろう。まず〝𠂇《ユウ》〟。これ何だか知っている人？」

――シーン。

「もとはこれです。〝手〟が〝𠂇〟（〝みぎ手〟の意味）になったのです。組み合わせ字で〝扌〟〝又〟〝才〟、これらがでたら〝手〟に関係があるのです。すると〝右〟は〝手と口〟の組み合わせ字ということになります。さあ、みんなで口に指を当てて、〝シィー〟と小さい声で言ってみよう。ハイ、〝シィー!!〟。どっちの手の指？　だいたいの人は〝右〟の人差し指だね。ごはんを口に運ぶ箸《はし》を持つ手は？　中国人も日本人も右利きの人が多い。口にごはんを運ぶのを助けるのが右手。だから、〝右〟は〝顔〟の仲間。」

――わかった！　お茶わん持つのは〝左〟。お茶わんだから〝道具〟の仲間！

「そう！　座ぶとん、一枚！」

――カバゴン、〝笑点〟じゃありません。

「すみません。カバ券一枚！　ついでに言うと、〝左〟の字の〝𠂇《サ》〟と〝右〟の字の〝𠂇《ユウ》〟は、ヨコイチは同じでも、ななめの長さが少し違う。少し長い〝左〟の〝𠂇〟には〝ひだり手〟の意味があるんだ。〝左〟の字は〝手と工〟の組み合わせ。工具（道具）を持つ手が左手ということ。

さあ、もとへ戻ろう。一年生八〇字、音読み練習開始!!　テーブルの下、廊下、歩きながら、どこでもかまわない。二人で組んで教え合ったり、読み合ってもヨーイ。さあ、はじめ～ぇ！」

独学中。
この集中力、
この目を見よ。

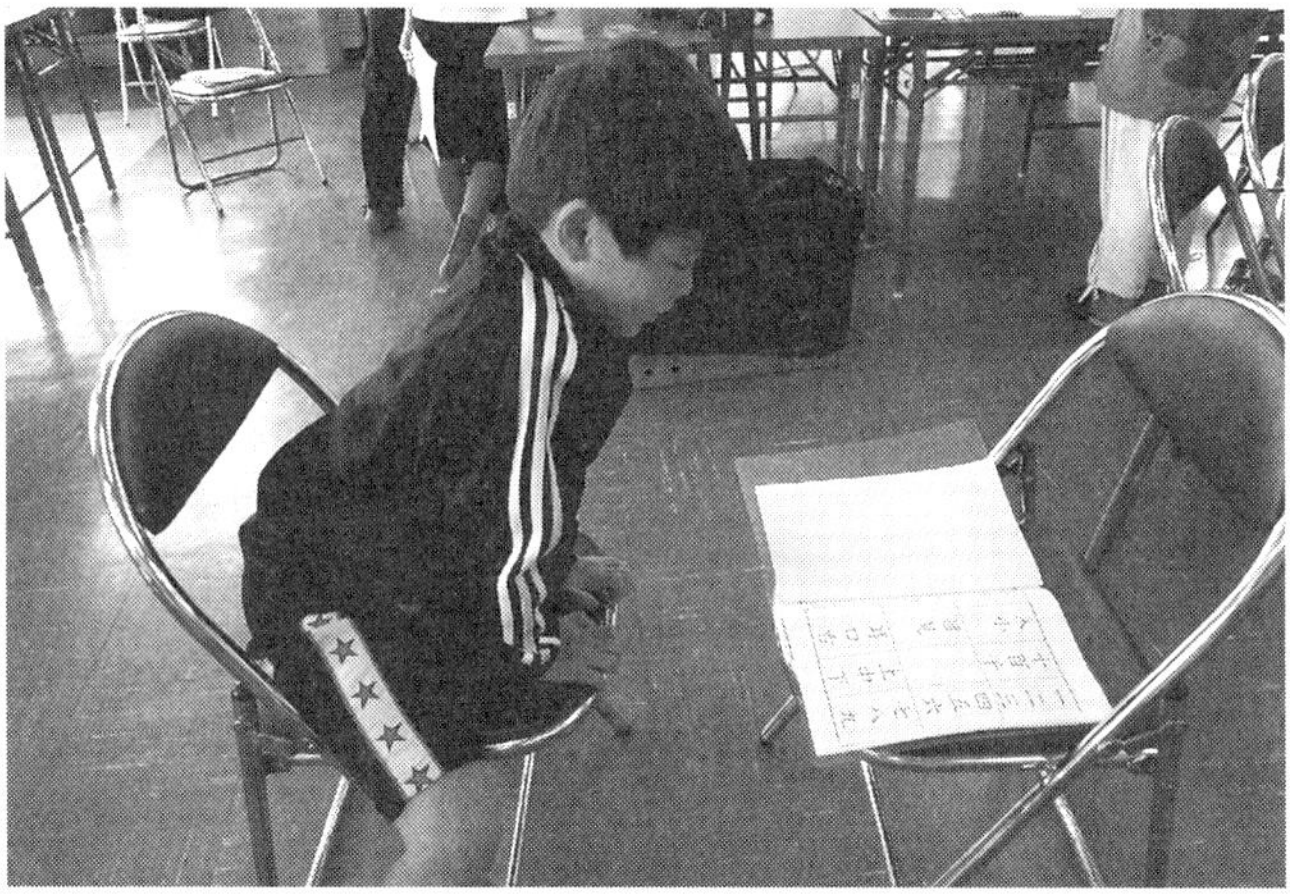

子どもたちは散っていきます。一年生は戸惑いがち。やっとひらがなに入ったばかりです。チンプンカンプンです。二年生はしたり顔でやってます。三年生は簡単、カンタンとすいすいやる感じ。四・五・六年生は意外や意外、忘れちゃっているのです。でもさすがすぐに落ち着きをとり戻して、各場にいる〝検定官〟(私が地域で実践している〝放課後子ども教室〟の場合はボランティアで世話をしているリーダー、主として家庭の主婦、元教員、学生)に見てもらいに来ます。どうやら〝一年音読み〟の合格者がでてきそうです。

ここで、

「や〜め〜い。カバゴンのところに集まれぇ。」

集まったところで次へ進みます。

「今度は漢字表にある漢字の左側を見てください。一枚目はひぃ、ふう、みぃ、よぉ、いー、むぅ、なぁ、やー、こぉ、とう。ふりがなが振ってあります。」

——わかった、日本で発明した読み方！〝訓読み〟って言うんだぞ。(六年生)

——クンヨミ？(一年生)

「そう、訓読み。一、二、三の読み方は日本式の場合もう一通りある。」

——知ってる。ひとつ、ふたつ、みっつだろう…やっつ、ここのつ、とう。

「ひぃ、ふう、みぃの方が古い読み方、こっちをカバゴンは取った。どちらかといえば音読み(中国式)は、上から下にイチ・ニィ・サン、タテ・タテ・タテ、元気・げんき・ゲンキ、きょうも天気だ、ごはんが旨《うま》い！って感じ。訓読み(日本式)はどうだ、ひぃ〜ふう〜みぃ〜、体はタテ揺れかヨコ揺れか、どっちが合

カバゴン式　音・訓読みの練習法

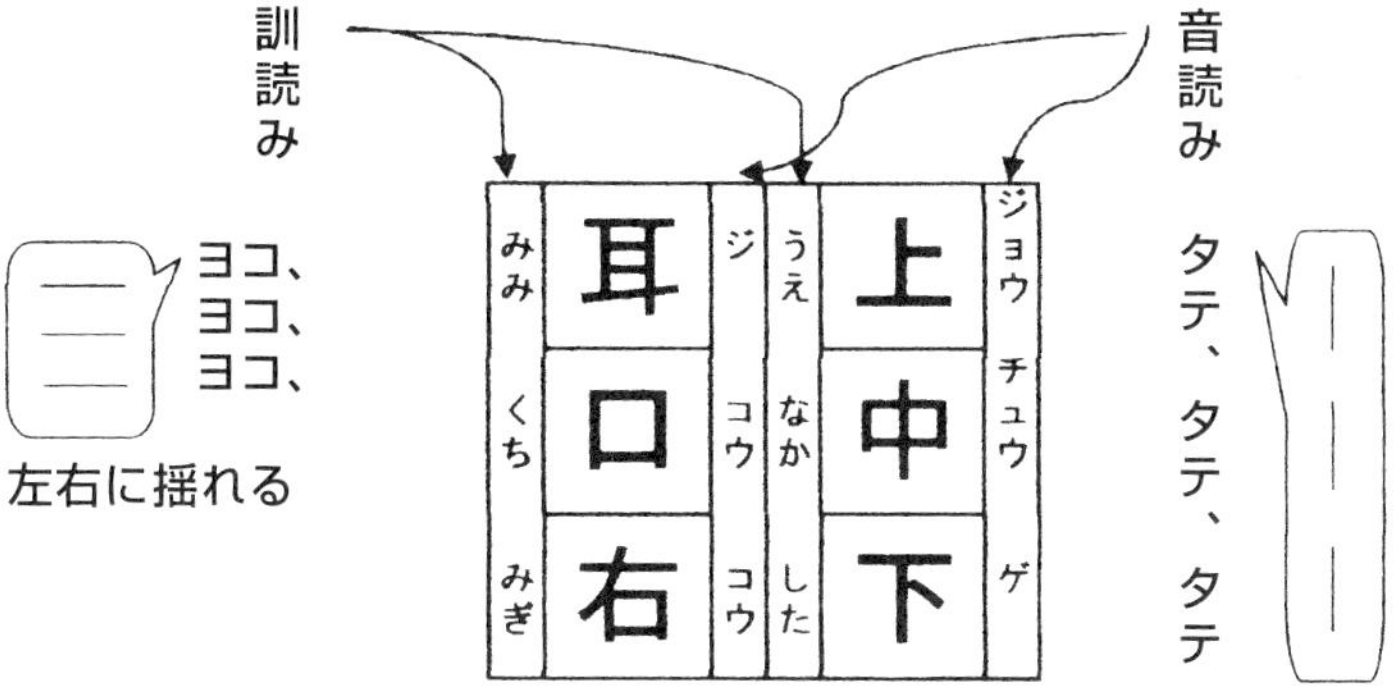

うと思う？　やってごらん。ヨコ揺れで右、ひぃ〜、反対、ふう〜、また反対、みぃ〜。」

——あ、ヨコだ、ヨコだ、横の方が合う。ゆっくり、のろくやるといい。

「そう、眠くなるような感じで大きくイキを吸ってやさしく吐く。さぁ、音・訓交互に読んでみよう！　イチ《タテ》・ニィ《タテ》・サン《タテ》、ひぃ《ヨコ》・ふう《ヨコ》・みぃ《ヨコ》…。ジュウ・ヒャク・セン、とう・なし・ち…。ジョウ・チュウ・ゲ、うえ・なか・した…。ハク・セキ・セイ、しろ・あか・あお…。シン・コウ・ネン、もり・なし・とし…。クウ・ウー・キ、そら・あめ・なし…。

〝百・天・王・校・気〟の五つは訓読みがないんだ。だからここではなしと言う。

〝貝〟、これは逆に訓読みだけで音読みはない。二年生までは、音読みだけの字は少なく、音・訓両読みの比率がとても高い。ところが、四・五・六年生と上にいくと音読みだけの字が七〇以上に増えてくる。むずかしくはなるけど、その分、音・訓両読みの比率がぐっと低くなるので（次頁別表）、覚える時間がかからなくなる。たとえ上級生でも、

音読み、訓読み、音・訓両読みの学年別配当漢字数

学年	音読みのみ	訓読みのみ	音・訓両読み	合計
1	4(5%)	1	75(94%)	80
2	23(14%)	0	137(86%)	160
3	48(24%)	3	149(75%)	200
1〜3の合計	75(17%)	4	361(82%)	440
4	75(37.5%)	1	124(62%)	200
5	73(39%)	0	112(60%)	185
6	70(39%)	2	109(60%)	181
4〜6の合計	218(38%)	3	345(61%)	566
全学年	293	7	706	1006

＊（　）は学年別の比率です。

三年生までの漢字は覚え切るのが苦しい。唱え方のコツがわかればドンドン上をやりたくなる。タテ・タテ・タテ、ヨコ・ヨコ・ヨコ。ハイ、行けえ〜。」

再びあちこちで大声がひびき渡る。

目をつぶってやっている子、オモテ面（答えの書いてある方）をひっくり返しながら読む子、交替で字を指さしてもらいながら読んでいる子、何とか行けそうだと思えば〝検定〟の列に並ぶ。検定を受けている子の後ろで一緒になって小さな声で読んでいる子、順番をゆずり後ろに下がってさらに練習を積んでいる子…。とにかく一年生八〇字、音・訓読めれば〝カバ券〟を五カバ分手にすることができる。おやつが目の前にぶら下がっている。自力で〝カバ券〟を獲得しなくてはおやつにありつけない。現実味がやる気を起こさせる。「合格」「O・K」あちこちで声がする。うれしそうに〝漢字はかせノート〟を持ってくる。ここには、各学年ごと、検定に合格すると〝河馬《カバ》〟印を押すページがある。全学年一〇〇六字が修了すると〝河馬《かば》山《やま》百《ひゃっ》験《けん》齋《さい》〟の印が押される。

検定に合格すると“河馬”印が押される！

漢字はかせ	一年	二年	三年	四年	五年	六年	なまえ
	八〇字	一六〇字	二〇〇字	二〇〇字	一八五字	一八一字	全 1,006字
	月　日	月　日	月　日	月　日	月　日	月　日	月　日

漢字はかせノート

カバゴン夏楽校 in 上州高山村

「一年生用の漢字検定に合格！　ハイ、五カバ。一枚、二枚、三枚…。」

――やった、やった、やったァー。

実質一カバで買えるのは世の中値段で一〇円の駄菓子です。つまり五カバは駄菓子五〇円分です。「五〇円玉一つあげるから漢字八〇字覚えなさい」と親が言って覚えるでしょうか。一年生用で五カバ、二年生用で一〇カバ、三・四年生用で各一五カバ、五・六年生用で各二〇カバ、六年まで

カバゴン検定

カバゴン検定を受ける。

ウゥゥ～、エ～と。

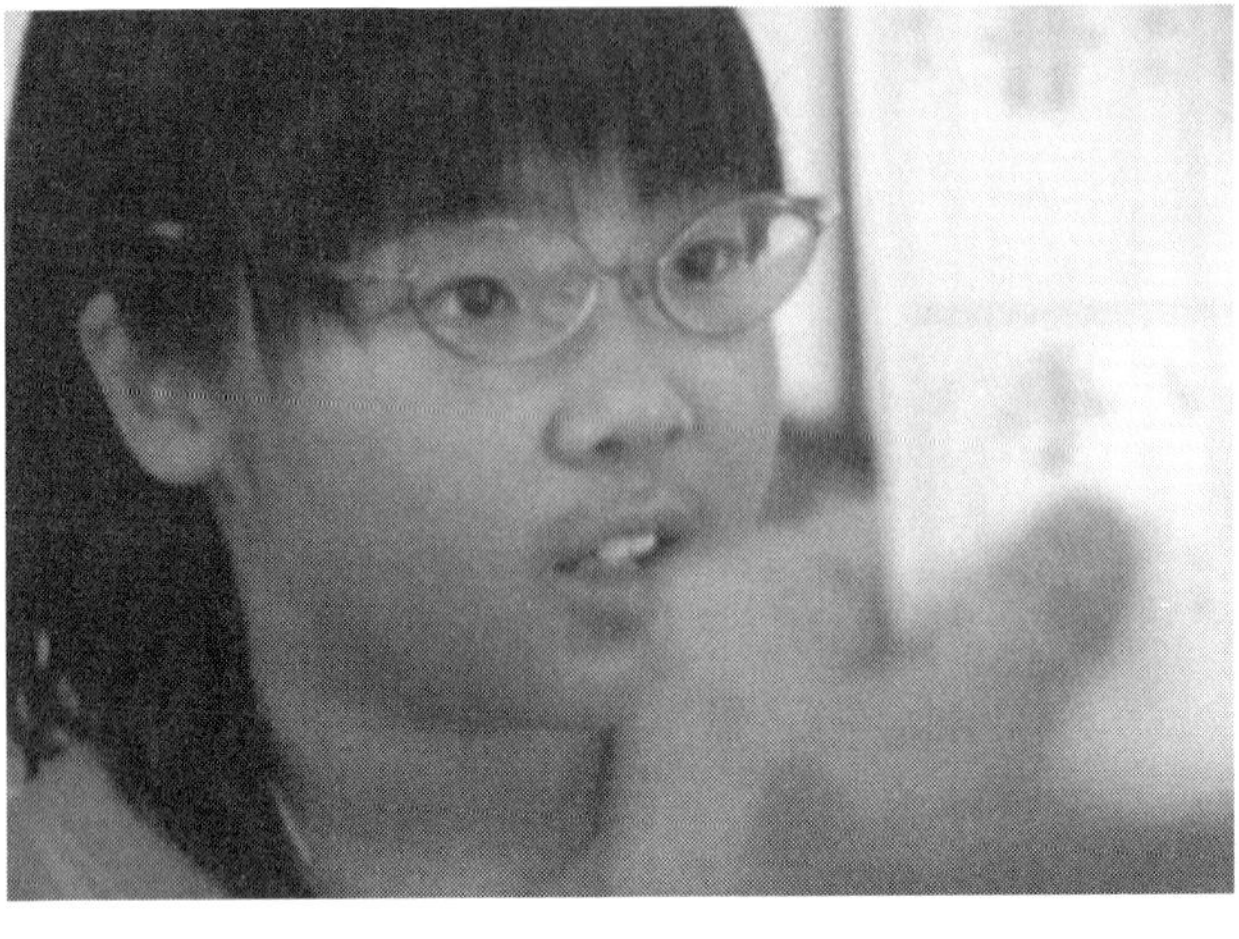

読める、いけるわ。

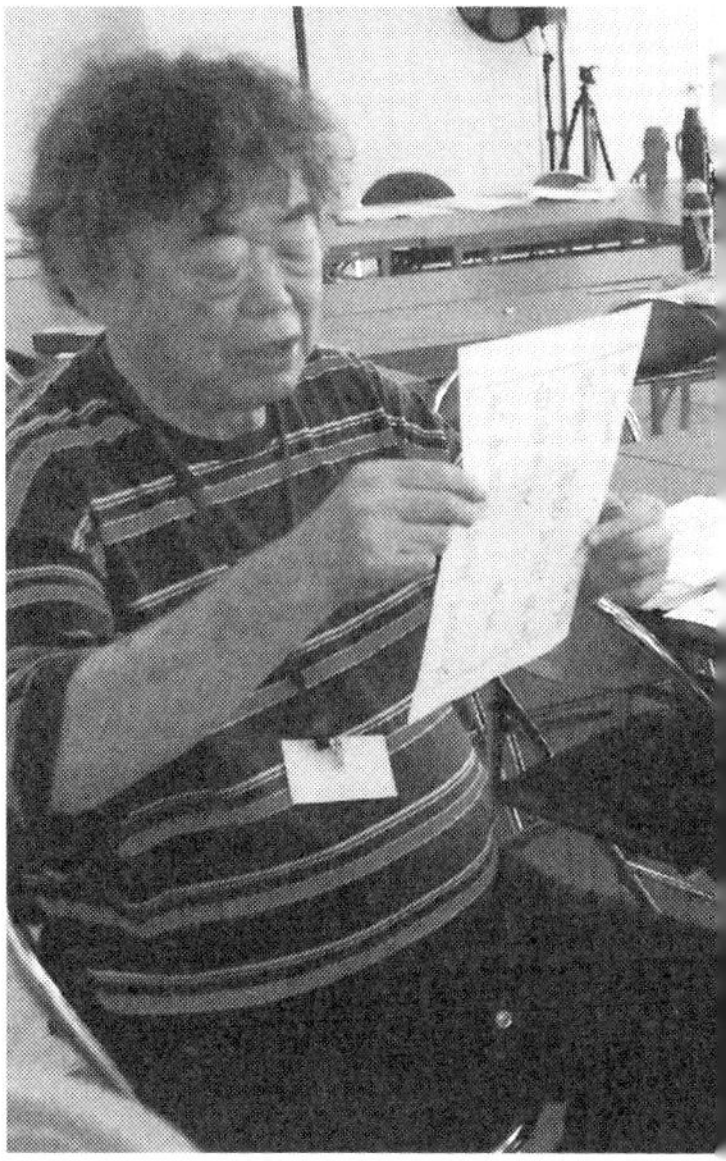

やったね。

これが六年生認定証だよ。

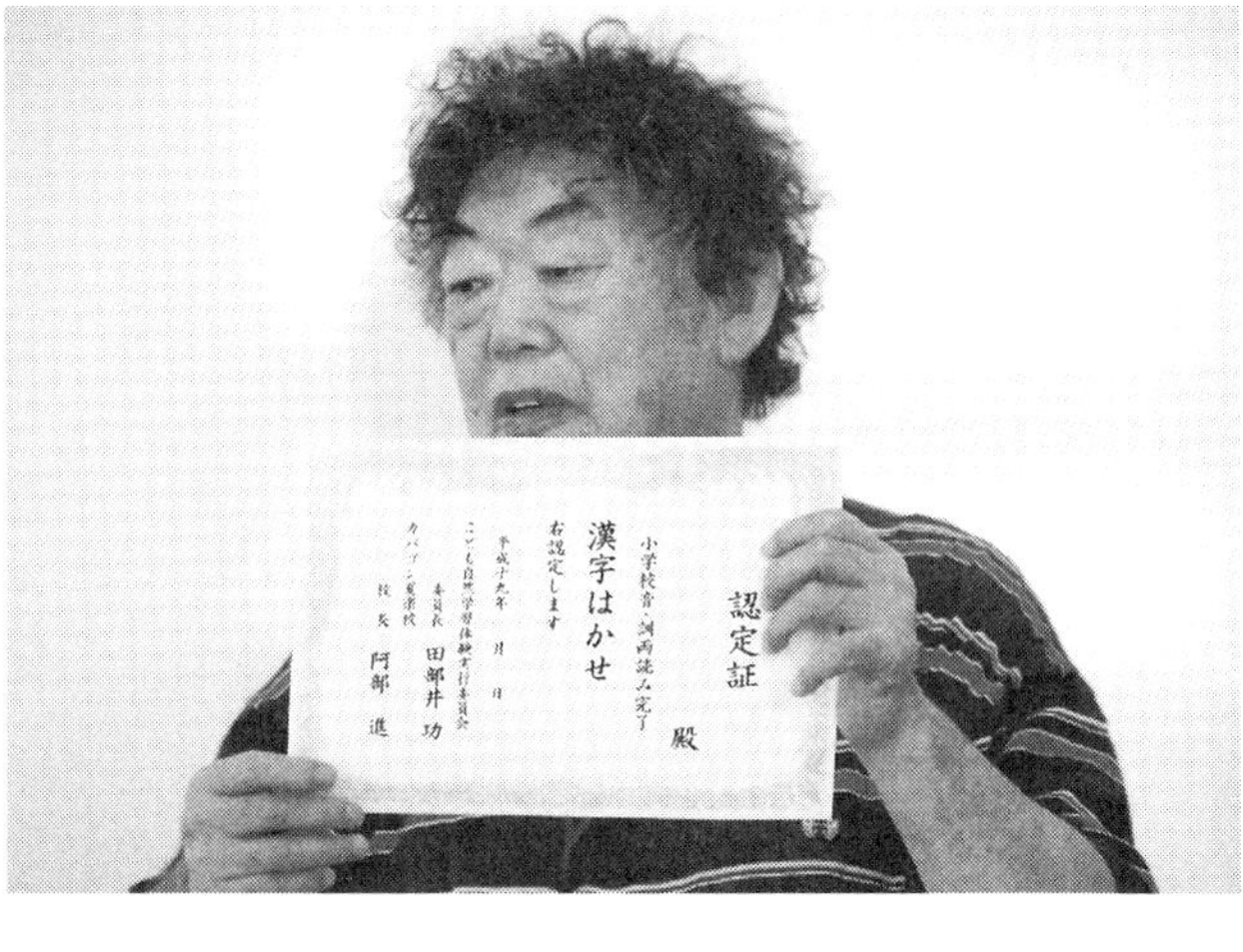

行ったら小学校〝漢字はかせ〟の認定証とともに二〇カバがご褒美《ほうび》に上乗せされて、全部で一〇五カバ。正味一〇五〇円です。「一〇〇〇円札一枚あげるから一〇〇〇字漢字を覚えなさい」と言ってみてください。「一〇万円でもイヤ！　一〇〇万円ならやってもいいけど—」という答えが返ってくるでしょう。つまり、子どもにとっては〝はなから貰えるわけがない一〇〇万円〟なのであり、いくら貰ってもやりたくないのはやりたくないということです。漢字は試験にでるから仕方なくやっている勉強の一つにすぎないのです。それが正味一〇五〇円の〝カバ券〟のために夢中になってやるようになる。五〇カバだとあれが買える、八〇カバだとあの浮き袋が手に入る…、そのワクワク感が大事です。いつのまにか家で新聞を読んでいる自分にハッと気がついた時の感動——子どもたちにはその予感がわかるのです。

おもしろサイエンス

今、進学を希望する女子高校生で理系をめざす人は全体の一五％です。今も昔もと言われればそれまでかもしれませんが、最近ちょっと心配なことがあります。というのも、保育園、幼稚園の先生方に「小・中学校の先生になりたかったけど、算数、理科が苦手であきらめた…」という人が意外に多いからです。女の人にはなぜ理系が少ないのでしょうか。

何かむずかしい科目だと思い込まされているのです。男の子でも理系はあまり好きじゃないという高校生が多いようです。

学校は今あまり実験をやりません。手間ひま、お金がかかるからです。ただでさえ主要教科の時間が足りないと言われてる中、準備と後始末が大変な理科はだいたいペーパーでやったことにして済ませるか、やっても市販の教材を何の工夫もなしに消化して終わり。答えが一つしか見つけられないもの、それがテストにでる。これはなにも理科だけでなく、ほかの教科でも同じ。常に答えは一つ。それを正しく受け取ったかどうかがテストで試される。おもしろくもおかしくもない。

かつて小学校低学年に理科があった頃（現生活科）、教材に〝シャボン玉〟がありました。

「水に石けんを削って入れましょう。しばらくすると石けんの粉は見えなくなります。どうしたのでしょう。石けんは水にとけたのです。次にストローで石けん水を吹いてみましょう。シャボン玉ができます。水だけではシャボン玉はできません。」

おかしくもおもしろくもありません。

しかも、教科書を見ると、四・五・六年生の理科の内容はとてもレベルが高くむずかしいものです。中学、高校へ行くとよほど好きオタクでないとついて行けないくらい、さらに高度なものになっています。理科ぎらいは小学校から始まっているのです。だから教師になっても、ついつい構えたり腰が引けてしまいます。困ったことです。

一九七五年に私は〝麻布科学実験教室〟（東京・港区六本木）というのを創りました。科学の実験だけを行う塾で、三〇年以上続いています。現在は直接指導にはタッチしていませんが、その理念を生かして、民間の〝放課後子ども教室〟の柱の一つとして〝おもしろサイエンス〟と名づけたカリキュラムの実践と紹介・普及につとめています（一七八—九頁参照）。

テーマは学校でやらないもの、いずれ教師や親から「やっていてくれてありがとう」と感謝されるであろうものに徹して選んでいます。

科学も理科も何もわからない人でもレシピを見て本人がおもしろがってやれば子どもはついてくる、それが私のモチーフです。

「カバゴン先生はカリスマだから誰もマネのできるものじゃない」と冷やかされ敬遠されていますが、先に紹介した〝横浜スペース南〟や横浜市の〝川上小はまっ子ふれあいスクール〟〝つつじが丘小放課後キッズクラブ〟などを中心に、お声がかかれば全国どこへでも出前授業、出前保育とセッセとでかけています。

すべてはおもしろいかつまらないかから始まります。自分がつまらないことはやりません。

おもしろいことを夢中になってやっていると、周囲の子どもたちも夢中になってやっています。「カバゴンは子どもみたいだ」と言われます。今年（二〇〇八年）七八歳ですが、子どもと面すると自分も子どもになります。

これは京都嵐山にある法輪寺さんのおかげです。通称〝十三まいりの虚空蔵《こくぞう》さん〟のお寺です。昔、先代の藤本賢優師に教わりました――「虚空蔵さんは相手が大男だと自分も大男、槍を持ってくれば自分も槍、子どもだと自分も子ども、相手によって変幻自在。お釈迦《しゃか》さまの十三番目のお弟子さん。人間が死に不動さまの火で潔められ観音《かんのん》さまの慈悲《じひ》、文珠《もんじゅ》さまの智慧《ちえ》を頂き十三番目の虚空蔵さんに手を引かれてこの世に生まれかわる。十三はものみな変わるの吉兆瑞兆《きっちょうずいちょう》。それで十三歳になったら本身《ほんみ》の着物を作ってもらって虚空蔵さんにおまいりし、大人の知恵を授かる。これが京の十三まいりでっせ。」そして「あんたさんは現世《げんせい》の虚空蔵さんや。どの年齢の子たちにもなり切れるお人や」と言われたものです。

〝そうかオレは虚空蔵さんか〟。うぬぼれではありませんが常に子どもには自分の中にある子どもの心と身体で対応しようとやってきました。

それが〝おもしろサイエンス〟の基本です。

マッチ・アルコールランプ

「子どもの集中力、持続力のなさにおどろく。小学一年生では三分どころか一分も持たない。そのうち〝トイレ〟とか一人が行き出すと、もう授業にならない――。」

このような話をよく教師たちから聞かされます。以下同文で高学年のところに行っても同じことを聞きます。何かにつけて〝子どもがよくない〟ことになっています。〝親の育て方が間違っている〟とも言われます。

本当にそうでしょうか。学校で起きることは学校で解決するのが本筋です。

どうすれば集中力を高め、持続力を充実させることができるか。

私の授業は平均九〇分です。保育園から高校まで同じ。時には一二〇分という場合もあります。その間トイレに行く子どもが一〇〇人中一〇人以上いたら私の負けと言って始めます。

これまで何百回もやってきましたが私の負けは一度もありません。みんな集中し持続して、気がついたら九〇分になっていた——「へえ、もう終わり⁉ もっとやろうよ」とはしばしばです。

理由は簡単です。

＊

「ハイ、カバゴンの周りに集まれ！」

はじめはゾロゾロ、ノソノソと集まってきます。

「ハイ、説明をします。カバゴンの口元（あるいは手元）をしっかりと見てください。」

集まってくる子どもは自分の一番居心地のいい場所を取ります。必ずしもみんな一番前がよいのではありません。

①申し合わせたように口をポカンとあけているけど目は興味津々、②左・右はじっこに分かれ、からだ斜め、目は〝どうなの？　本当かな？〟の疑問符的、③みんなでワイワイささやき合っている、④遠いものを見る目でじっとこちらを見つめている（全体の中で唯一冷静さを保っている）、といった四つの布陣になります（図）。どなたがやってもこの陣形になります。

説明は①に向かってやります。ほかは無視します。つまり全員にわかるように話すのではなく、①だけにわかるように説明します。

普通の授業の場合、全員にわからせることを目標に、最大公約三分の二までをねらいますが、私は違います。四分の一です。彼・彼女らは喰いつくような目で私を凝視します。

＊

〝マッチの正しいこすり方、消し方〟

〝アルコールランプの正しいつけ方、消し方〟

この二つは私の〝おもしろサイエンス〟の定番中の定番です。この二つで九〇分やります。先生方はあきれ、おどろきます。「そんなんで授業になりますか?」「なります。」とくにマッチの扱い方、アルコールランプの扱い方は通常の授業テーマにはなっていません。子どもたちはキチンとした扱い方法を知らない。みんな自己流でやっています。学校では教えないことをやるのが私の〝放課後子ども教室〟なのです。ここでは何の制約も規則もありませんし、ましてテストもやりません。

最大の特徴は〝どうしてそうなるのか?〟という疑問に一切答えないことです。合槌《あいづち》だけ打ちます。〝どうしてだろうね。ふしぎだね〟と。

「それでは指導にならないではないですか?」と先生方はまず疑ってかかります。そこで私は「科学者に聞いてごらんなさい」と言って次のような話をするのです——「科学者からは異口同音《いくどうおん》にこう答えが返ってくるはずです。〝一つのことがわかると十のわからないことがでてくる。十わかると百の疑問がでてくる〟と。

科学とは答えが常に一つではないのです。だからおもしろい。でも学校の理科（ほかの教科も）は常に答えが一つです。そしてその答えの理由はこれこれと結論づけられています。結論をノートに記入する。板書されたものは素早く写し取る。これができる子どもがよしとされます。

教わったことは必ずテストになり、〝できた〟〝わかった〟で順位（点数）が付きます。子どもはそれでクラスの中での自分の位置を知ります。その集大成が通知票です。自分は〝上・中・下〟のどのポジションにいるのか。とくに〝中〟の子どもはズーッと〝中〟でいることが多い。なぜなら一番仲間が多いからです。一学期は〝中の下〟、二学期は〝中の中〟、そして三学期は〝中の上〟と昇っていったとしても、評価は常に〝中〟です。自分は何をやっても〝中〟なのだと自己判定をさせてしまうことが怖いのです。ドンドン面白味の深みにはまるのが本来の勉強だと思います。私はそれをやります。

＊

マッチに戻ります。

「今から配る小箱は〝徳用マッチ〟と言いまーす。これとタテヨコ同じサイズで半分ぐらいの薄さのものは〝サービスマッチ〟と言って、喫茶店などではタダで貰えるタイプです。これ（徳用マッチ）は値段がついています。私が今持っている包装の中には一組約二〇コの小箱が入っています。封を切ります。各班（七～八人組ずつ）の班長、取りに来なさい。」

席に戻ったところで、中箱のあけ方、しまい方を教え、再びあけてマッチを全部取り出し、机の上に置くように指示します。

まず一箱に何本入っているか。〝よーい、始め〟で数えさせます。

この間私は机の周りを廻ります。マッチの出し方、置き方、数え方の違いを目ざとく観察します（これでだいたいの子どもの気質、〝生まれつきの心のあり方〟を見て取ります）。

「数え終わった人は坐《すわ》りなさい。最後の人が終わったらもう一度全員立ちなさい。」（これで個人差の見当がつきます）

——質問があります。なぜ数えるんですか？　封を切ったばかりだから、だいたい同じじゃないですか？一本か二本ぐらいの違いだったら数えなくてもいいんじゃないですか？

さっそく③にいた子どもからの疑問です。

「じきにわかります。マッチが三五本以下だった人、坐りなさい。続いて三六本、三七本…四〇本、四一本（このあたりから子どもの顔つきが変わってきます）、四五本、四六本…五一本、五二本（残っている子は得意顔、周りはあきれ顔になります）。最低三五本、最高五五本というのがありました。その差二〇本!!」

新品なのに？　数えて何の意味がある？　いろいろな思惑が子どもたちの心にでてきます。どうしてそうなる？　機械か？　人の手か？　誰がどんなところで？

手にしたマッチが何本入ってるか普通は数えません。多人数でタマタマ数えたから驚くべき結果に行き当たったのです。いつ、どこでやっても、一度たりとも一〜二本の違いで済んだことはありません。

それがマッチのこすり方とどう関係があるんだと聞かれるわけですが、本数が違うこと自体〝へえ、おもしろい〟とは思いませんか？　何かあったら、ほかのモノも数えてみようとは思いませんか？　クダラナイと思うもの、無駄だと思うものに興味をたくさん持つ、これが科学の出発点でしょう。ちなみにマッチの販

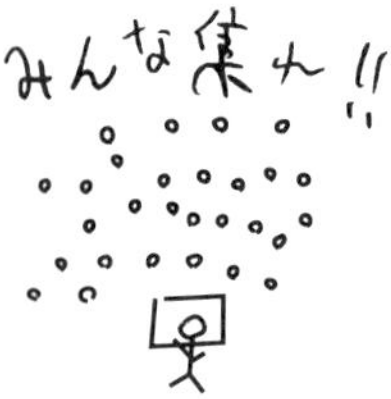

売会社に訊《たず》ねてみましたら、「ウチはアジアの某国に頼んでいます。マッチ入れはほとんど手作業で、少女労働が主力です」とのことでした。想像力を広げさせる答えです。

元に戻りましょう。

「マッチ持ってカバゴンの周りに集まれ!! 静かに、走らないで、素早く集まれぇ!!

まずマッチの箱の持ち方です。マッチをこする面が見えるように、人差指と中指で小箱の両面をはさみます。右利きの人は左手の指、左利きの人は右手の指です。同じ手の親指で中箱を押しあけます。一センチほど顔を出します。棒の赤い頭が見えたら、中箱を一旦抜き出し、くるりと一八〇度反対向きにして入れ直します。これで赤い頭が見えませんね。」

――なぜ反対向きにするのですか？

「自分で考えなさい。次に一本引き出して右手（左利きの人は左手）に持ってください。左手（左利きの人は右手）は箱の取り出し口があかないように人差指と親指で押さえます。マッチ棒は軸の真ン中よりやや二ミリほど後ろ（赤い頭からの距離）を親指と人差指でチョッと強くつまみます。」

子どもたちは私の真似《まね》をします。

「次にマッチをこする時の箱の角度です。顔から直線で三〇センチぐらい、マッチ箱を持つ手は肩から約四五度、マッチ棒を持つ手は肩から三五度、マッチをこする面に軽くつけてください。これ（箱を持つ手）が四五度、これ（マッチを持つ手）が三五度。こする時は、四五度の方は手前に引き、三五度の方は前に押します。ちょっとマッチを面から離して仕草《しぐさ》だけでやってみるよ。押す、引く、を同時に――。ハイ一〇回連

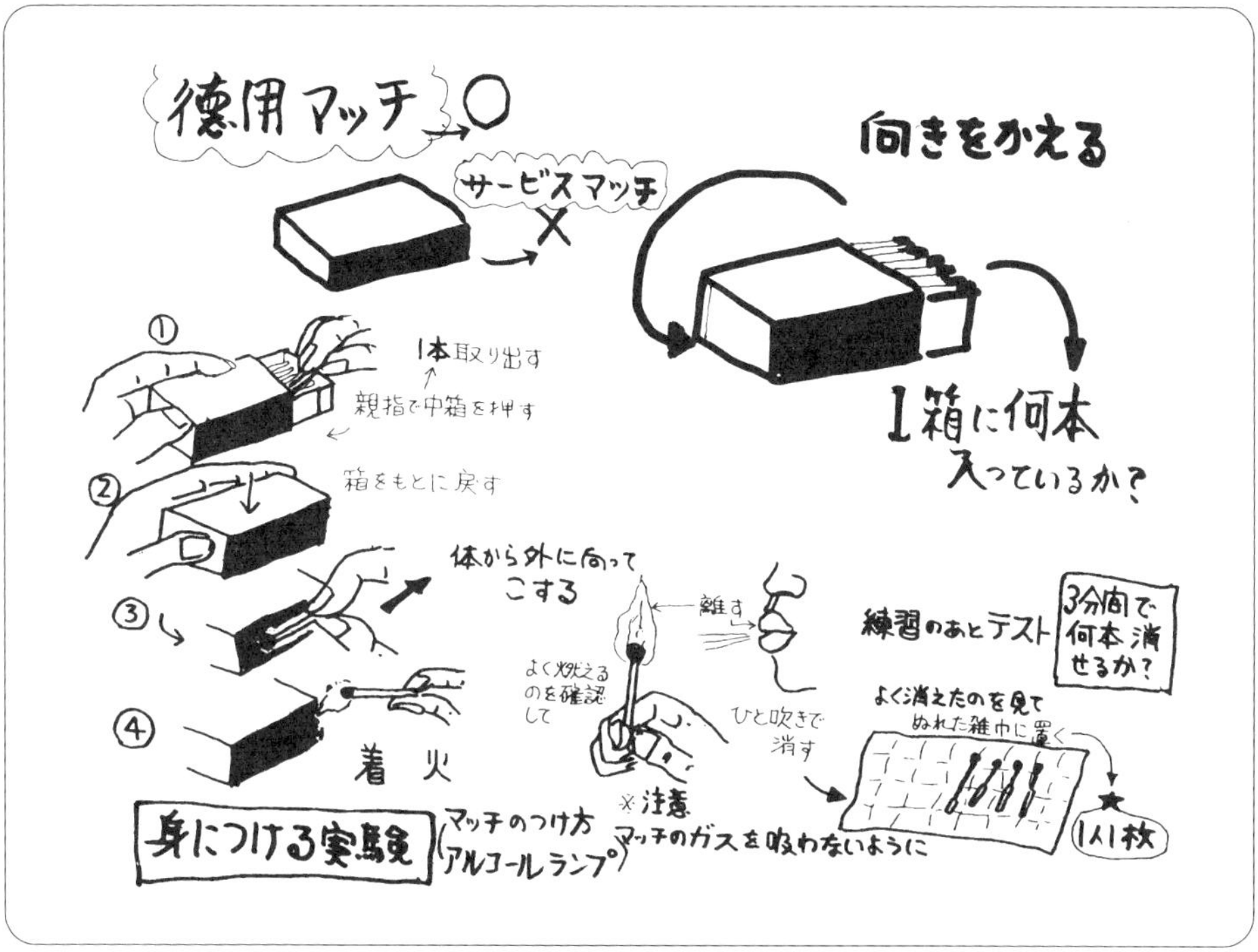
徳用マッチ ○
サービスマッチ ×
向きをかえる
1箱に何本
入っているか？
①
1本取り出す
親指で中箱を押す
②
箱をもとに戻す
③
体から外に向って
こする
④
着火
よく燃えるのを確認して
離す
ひと吹きで消す
練習のあとテスト
3分間で何本消せるか？
よく消えたのを見て
ぬれた雑巾に置く
1人1枚
※注意
マッチのガスを吸わないように
身につける実験
マッチのつけ方
アルコールランプ

続してやってみよう。イチ・ニィ、イチ・ニィ…。

今度はカバゴンが火をつけます。よく見ていて。力は入れません。軽く面にふれて、ハイ（こする、パッと火がつく）。火を上にして、息をためて、肩に力を入れて、フッーと、ひと吹きで消す――。」

なぜかパチ、パチと賞讃の拍手がでる。

すかさずマッチ棒をあらかじめ用意したぬれ雑巾《ぞうきん》の上の置く。この動作を三～五回やって見せ、「用意ができた人から一〇本まで練習しなさい」と放ちます。子どもたちはおっかなビックリ、しかも初めてという子が半数近く、やったことのある子も心ゆくまでマッチをこするなど経験したことがありません。おっかなビックリから得意顔に変わっていきます。

私は机をあちこち見て廻ります。できなくて途方に暮れている子、消すのを忘れてアチチとやけどまがいの子、炎をじっと見つめている子…、そのうち軌道に乗ってきます。

そしておもしろいのが消したマッチの始末の仕方です。三つのタイプに分かれます。一本ずつ等間隔にあけて並べる子（約五〇％）、あっち向いてポイと投げ捨てるように置く子（約二〇％）、一ヶ所に固めて置く子（約三〇％）。これもどこでやっても同じです。

頃合いを見はからって、次に進みます。

「ハイ、全員立ってェー。今から三分間で何本つけたり消したりできるかを練習します。競争ではありません。人によって個人差があります。せっせと早くやる人、ゆっくり丁寧にやる人いろいろあります。自分のペースでやりましょう。よーい、始め!!」（ストップウォッチ使用）

それぞれのペースであっちでもこっちでも始めます。それを見て廻ります。箱からその都度一本ずつ取り出してやっているオーソドックスな子、箱から全部いっぺんに取り出してからホイ二本目、三本目とやっている子もいます。

「ハーイ、やめ!!」

そこで全員立ったまま――。

「ハーイ、今から数えます。一〇本より少ない人、坐りなさい。続いて一一本から一五本、…二〇本から二五本…最後、何本?」

パチパチパチ。競争でなくても最高者は賞讃されます。雑巾の上の後始末を見ます。二〇本以上はあっち向いてポイ型、一五、六本はまとめ型、一〇本前後は横一列等間隔型です。

等間隔型の子どもには一つの傾向が見られます。それは、先の③に布陣する子であること、几帳面《きちょうめん》で、まじめで、先生や親の言うことをよく聞き守る素直な子、国語や社会科、外国語が好きな子、という共通面があることです。そしてさらに、不登校児の多くは私の体験では九〇％このタイプの子どもだということです。学校がきらいで逃げ出すのではなく、むしろ学校にいたいのにいじめなどで行けなくなりリタイアした子です。つまり、もう学校にはいられない、ここにいたら殺される、わが身危《あや》うしと感じた子が不登校児なのです。不登校児には自殺者はいないというのも私のもう一つの経験です。不登校で親を悩ませることがあっても死んでしまうことはない、親を究極の絶望にはしない子でもあるのです。

＊

またまた元に戻りましょう。

「カバゴンの周りに集まれ！」

このあたりから素早く集まるようになります。次は何をやるのか？という興味関心が大きくなる。こちらのやることはさっきよりレベルアップです。より高度なことを要求し、やってみせるのです。

「今度はアルコールランプ。まずアルコールが入っているかどうか調べます。ランプのここ（びんの周り）を〝腹《はら》〟と言います。腹を親指と人差指で押さえ、ほかの指はそっとそなえます。目の高さまで持ち上げて、アルコールが半分よりちょっと上にあることを確認します。次にしんを入れます。しんの頭は約七ミリぐらい出します。これぐらいです。これも目の高さまで持ってきて確認します。次に机の上に置きます。左手で

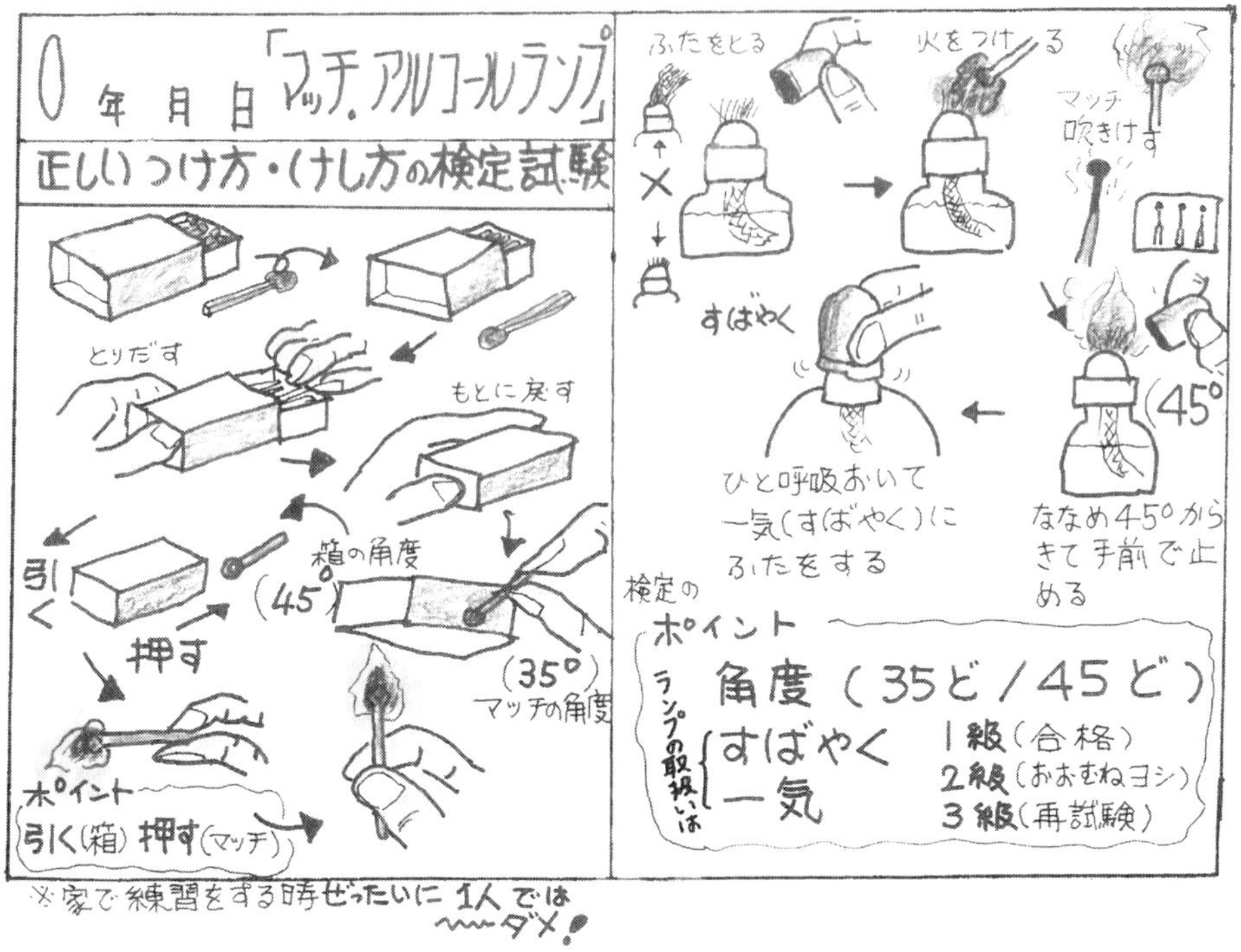

腹を押さえ、右手でふたをサッとあけます。ふたは口を上に向けて置きます。マッチを持ちます。マッチ棒をこすって火をつけます。マッチ箱を素早く置き、左手はランプの腹を押さえます。ランプに点火する時、マッチ棒の火はしんの上をなめます。いきなりしんに近づけてポッとつけるのではありません。しんの手前、約一〇センチのところから出発してサッサッとなめていきます。ポッと点火したのを確認したらマッチをランプから一五センチ離れた位置で吹き消し、雑巾の上に置きます。

次はランプの消し方です。ランプのふたを右手親指と人差指でつまみ、左手はランプの腹を押さえます。右手は四五度の角度、これはNASA《ナサ》に着陸するスペースシャトルの角度です。しんとの距離は約三〇センチ。勢いよく下降し、炎の手前三センチでストップ、ひと呼吸おいて斜めからサッと素早く一気にかぶせ、消えたのを確かめたらサッと前を見る。ここの呼吸がむずかしい。もう一度やるぞ。」

　みんな真剣な目で見つめます。手で動作を真似します。さっきのマッチ箱を持つ手が四五度、今度も四五度、それもスペースシャトルが着陸する時の角度、どう違うのか同じなのか考えません。「スペースシャトルの四五度だな」と言って真似しながら机に戻ります。しばらく仕草だけで練習し、いよいよ本番です。

　むずかしいのは〝なめる〟という火のつけ方。そしてスペースシャトル。サッとふたがしまらない。放り投げる子、真上からかぶせる子、続出です。とにかく火が怖いのです。それでも何とかやれるようになります。

　頃合いを見はからって〝やめ〟をかけます。サッとやめた子は机の下にからだを降ろします。残っている子もあわててやめます。

「ハイ、集まれ。」

　サッと集まります。そこでみんながやったやり方のいくつかを私が拾い出して真似てみせます。みんな真剣に見ます。

「カバゴンが見て廻った中でのピカイチ、男子では○○君、女子では□□さん、できてみんなの前でやって見せて。」

　二人、揃《そろ》って始めます。みんなの見つめる中、二人は真剣にやります。その見事さに拍手がでます。

「それでは検定です。マッチとアルコールランプ。三分間ずつです。火は危険だということ。早いにこしたことはないが丁寧に、そして確実にやることが大切です。では、走らないで素早く、行けェ〜。」

〝よおーい、始めで〟で始まります。練習の時より全員スローになります。ここで速さより確実性が大切とわかってきます。

〝やめェー〟で全員サッとしゃがみます。ぬれ雑巾に置かれたマッチの数を数えます。飛び抜けた子はいなくなります。

「ハーイ、そのままにして集まれぇ。どうだった?」

――はじめ怖かった。なかなかつけられなかった。ランプのふたがむずかしかった。ちょこっとやけどした。こんなにたくさんマッチこすったことなかった…。

何十本もマッチをこするなんて体験は生まれて初めてなわけです。心ゆくまで思い残すことなくマッチを堪能《たんのう》した九〇分。これは自転車乗りと同じです。コツを覚えてしまえばその後何十年乗らなくてもスッとうまく乗れる。それと同じです。

これだけ気持ちのおもむくままマッチをこすったのですから、一人でマッチあそびをして大火事にしてしまったり、いのちを落とすというような子はこの中から誰もでてこないと思います。

火をつける、火を使う、火を消す、これを身につけた子はあらためて〝なんで一箱一箱、本数が違うのか〟を静かにゆっくり考え、自分なりの結論を出すことでしょう。

シャボン玉、飛んだ!!

カバゴンのサイエンスレシピ。

空気のふしぎ、水のふしぎ、シャボン玉のふしぎ、ローソクのふしぎ、電気のふしぎ、磁石《じしゃく》のふしぎ、色のふしぎ、鏡のふしぎ、音のふしぎ、海（塩）のふしぎ、空のふしぎ、宇宙のふしぎ、などなど――。

いっぱいあります。そのすべてが〝答え出さずじまい〟です。「そのわけはこう」「こうだからこうなる」といった答え方はしません。ひたすらに「へーえ、そうなるんだ、おもしろ～い」です。〝あぁしたらどうなるだろうか、こうしたらああなるだろうか〟といろいろやってみる。想像力を働かせる。そうすると創造力が生まれてくる。どんどん着想が涌いてくる、あふれてくる、なんだかおもしろい、とりとめもなく次から次へとふくらんでくる。私のサイエンスはこれです。子どものイメージの広がり、発展をさそい出せばいい。そのための仕掛けをいくつか考え出し、子どもたちに差し示すのです。

高山村での〝カバゴン夏楽校〟ではシャボン玉です。

題して〝ここまでやるかシャボン玉〟。心ゆくまでシャボン玉にどっぷり漬《つ》かる授業です。

＊

「シャボン玉やったことある人？」

――ハイ、ハイ、ハイ。

――いっぱいやった、おもしろい。

「学校で、やったことある人？」

――シーン。

「学校ではない？」

――だってあそびでしょ。授業じゃないもん。

――そう勉強じゃないもんね。

――そうだ、おたのしみ会で上手《じょうず》な人がやってみせてくれたことはある。石けんで作った。

――シャボン玉の液と吹く道具を買ってやったことがある。

「ニュートンという人、知ってる人？」

――知ってる、リンゴが樹から落ちるの見て地球に引力があると発見した人。

――そうそう、有名な人。

――科学者。

――そう科学者だ。

「みんなよく知ってるね。マンガでも本でもあるからね。そのニュートンが夢中になってやってたものがあるのです。おとなになってから一〇年間ぐらい夢中になっていたもの、何だと思う?」

――リンゴのほかにどんなものが落ちるかなんかかなァ。

「それは、シャボン玉なんです。」

――え? おとななのに!? なんで、どおして。

「シャボン玉って、ふしぎだなァって思った。思い続けていろいろなシャボン玉を作ったんだね。小さくてたくさんのシャボン玉、大きなシャボン玉、風が吹くとみんなユラユラ、スッーと上に昇っていく、そしてパッと消える。なぜシャボン玉は重い（空気より）のに空に昇っていくのかふしぎに思ったんだね。プロペラの飛行機は翼が大きい。プロペラが止まっても重いものを捨てればしばらくは飛んでいられる。浮力《ふりょく》だね。ジェット機は翼が小さい。ドーンと空気を破るジェットエンジンの力で、前へ上へと飛んでいく。止まったら終わり。ストーンと落ちる。〝空気より重いものが空を飛ぶわけがない〟と今でも飛行機に乗らない人がいる――。」

――ウチのおじいちゃんがそうだ、絶対おかしいって言って一度も乗ったことない。

――へェー、いるんだ、そういう人。

「ニュートンもそう思ったんだろうね。それにシャボン玉の色。虹色に輝いたり、金色、銀色、さまざまな色の美しさ。カバゴンも時間があれば一年じゅうどこでもやってるよ。この世の中にこんなふしぎなモノがあるなんて――、いつでもどこでもシャボン玉液持って歩いてるんだ。」

――スゲェ！　カバゴンって子どもみたい。

「子どもみたいって？　キミたちいつも液持って歩いている？　いないだろう。きょうの夜、ニュートンが発見した〝ニュートンの黒い膜〟というシャボン玉をやります。これは夜でないとできないシャボン玉です。おたのしみに――。さて、まずシャボン玉の液を作ります。材料は洗剤です。」

――石けんじゃないの？　石けん削るんじゃないの。

「ここでは洗剤です。その中のチャーミイシリーズがいいのです。いろいろ試した中でチャーミイVというのが最高です。」

――そんなにいろいろ調べたの。やるゥ。そこまでやるのって大変!!

「大変よりおもしろいんだよ。もし液が目に入ったら、口の中に入ってしまったら、どの洗剤が安全かって調べたりもしたんだよ。その結果チャーミイVがベスト・ワンという結果がでたんだ。これがチャーミイV。透明コップに三分の一入ったのを渡すよ。ストローも一緒に。」

床にはビニールシートを張る。

「まずストローをまっすぐコップの底まで入れる。液はかき混ぜない。そのまま、すっと上げて、口元から一センチぐらい離して、口をつぼめて一気に吹いてごらん。」

――あっ、でた。

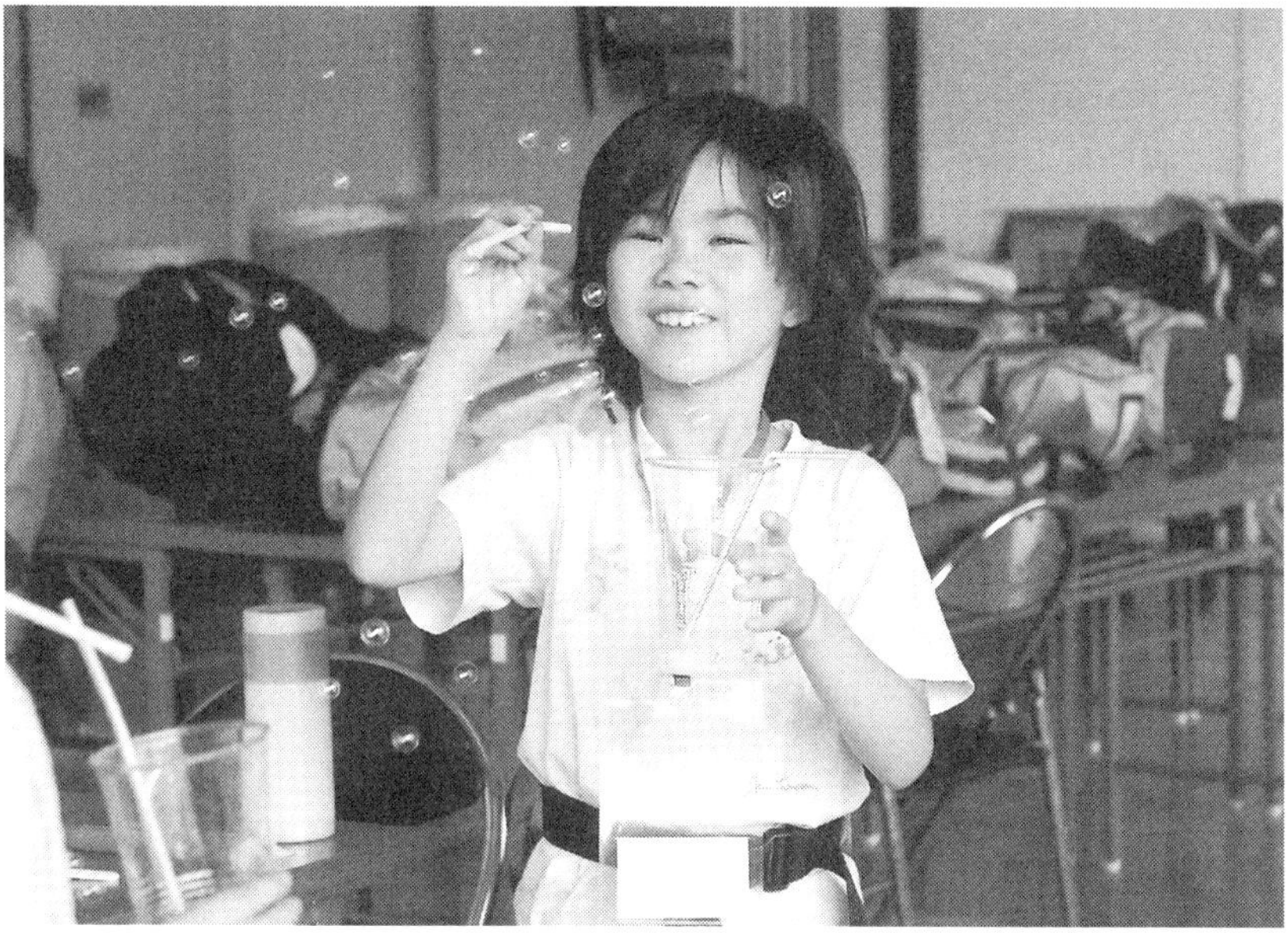

まずはストローでかわいい玉、タマ!!

――でない、ポタポタ落ちた。

――でた、でた、たくさんでた。おもしろーい。

「今度は、先割れストローでちょっと大きいのを一コ作ってみよう。ゆっくり吹く。こんなふうに、色を見ててね。」

――ない、ない、色なんかないよ。

――うまくいかない。ストローにくっついちゃう。

「うまくいかないし、色もよくわかんない。じゃ今度は秘密兵器だ。ゴムホース。これを使います(今、ゴムホースはカラフル。青、黄、赤、緑と華《はな》やか)。ストローは危険なんです。キミたちは小学生だからもう大丈夫《だいじょうぶ》だけれど、弟や妹、小さい子ね。ストローは危いんだ。」

――わかった、わかった。ハイ、ハイ。ストローは飲みものを吸う、シャボン玉は吹く。吸ってしまう。

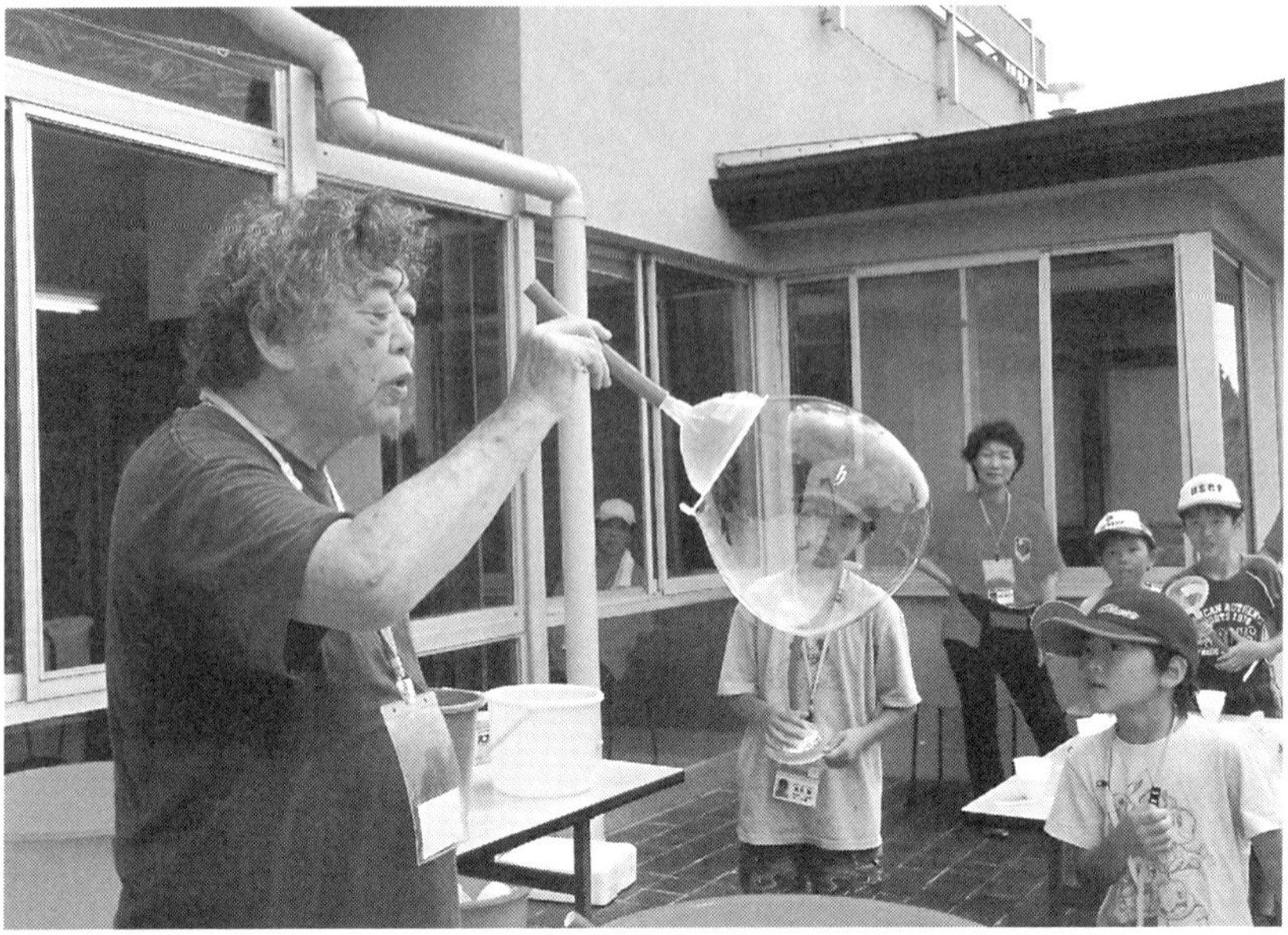

これぞ、カバゴン大玉完成!!

「そうだよ。よくわかったね。小さい子に、吹くんだよと言ってもいつも吸っている習慣でついやってしまう。キミたちだってそうしないとは限らない。そこで、吹けるけれど絶対吸えないもの、これがカバゴンが発見したゴムホースだ。穴の直径が一五ミリぐらいある。口元から約三センチ離して口をまるめて息をそおーっと吹き込む。」

玉がゆっくりゆっくり大きくなっていく。

――わッ、でっかい、大きい、きれーい。

口元から離してホースを軽く振る（手首の動きに注目）。大きな玉がホースから離れる。すかさずウチワで静かにあおぐ。ふわっと、ユラユラと昇っていく。虹色を見せながら。

――きれーい。色がでてる。

――あっ、金色になった。

――ゆらゆらしてる。アッ、消えた！

「それでは、やってみよう。液はかき混ぜない、つけるだけ、ハイ。」

一斉に始める。あちこちで大きな玉が上がる。連続して玉がでてくるのにおどろく。

――一回つけただけでいっぱいでるゥ。

――どうして？

――どうしていっぱいでるのか教えて？

子どもたちは聞きたがる。答えを見つけたがる。日頃の習性がここにでる。答えがわかると急速に興味がなくなり先へ急ぎたくなる。

「すぐ割れちゃうね。五秒かな。今度は割れる瞬間の玉を見つけよう。割れる時って同じことが起きる。さあ、発見、発見！」

玉を見上げる子どもたち。できるだけ目の前で割れる瞬間を見定めようとして工夫する。ウチワのあおぎ方でコントロールすることを知る。細かくあおぐ子。ゆっくりゆっくりゆるがす子。

――あ、わかった。虹色から、金色になって、色がなくなって、パッと消える。

――そうだ膜が薄くなるのがわかるよ、最初厚かった膜がスゥーッと薄くなる。

「チャーミーだけでも結構いい玉ができるけれど、すぐ膜が薄くなって消えちゃう。今度はチャーミーに水を加えてみよう。約三倍の水を入れてみよう。泡を立てないようにゆっくり混ぜ合わせる。そして吹いてみよう。」

――わっ、もっと大きいのができた！

――すごいすごい。一気に吹いたら一〇コぐらいでたァ。

――でっかい、でっかい！　さっきより消えない。色がハッキリしてきた。おもしれえ。一段と賑《にぎ》やかになる。夢中。

――あれ？　水でさ、薄めたのにさ、なんで膜が強くなったんだ、教えて！（また教えてだ）

それには答えない。水が加わわることで膜の強度が大きくなる。それでも消えるまでは一〇秒ぐらいか。

「またまた秘密兵器の登場だ。コレ、グリセリン。ちょっとコップにあけてみるね。トロッとした水飴みたい。ちょっとなめてみよう。甘いだろう。これは浣腸用なんだ。」

――カンチョウ？　何だろう。わかった、わかった、オシリだ！　お尻。ウンチがでなかった時、お医者でやったのがカンチョウだ。わッ、汚ない、ペッペッ。

「グリセリンが汚ないわけじゃない。お腹の中をゆるやかにしてくれる、ウンチがでやすいようにする力があるんだ。それを洗剤と水に混ぜる。」

――わかったぞ。それ混ぜて、トロリとしているから、エーと、エーと、そう、膜が丈夫になるんで、膜が厚くなるんだァ、キッと！

「オー、拍手、正解。玉の膜を厚くする。」

――丈夫になるから割れにくくなる。

――そうだけど、そうすると重くなる。浮かばなくなるんじゃない？

――そしたらウチワであおげばいい。（浮力がついてその勢いで昇っていく）

大バケツの場合
水
1ℓ
洗剤
0.1ℓ
グリセリン
0.1ℓ
シャボン玉液
1.2ℓ
小道具一式
イ ストロー
ロ ストロー（先割れ）
ハ ゴムホース（15cm）
ビニールテープを巻く
ニ ロート
ホ 植木鉢の皿
ヘ ウチワ
遊び方
小分けしたシャボン液
ストローを底までつける
液をかきまぜない
①
口から1cm離して口をつぼめて一気に吹く
②
先われ
ゆっくり吹く
大きい玉ができる
③
口から3cm離して吹く
ウチワを使って
やさしくあおぐ
ゆっくり上昇する
たくさんふえる
強くあおぐ

――やってみよう、やってみよう。（ようやくこのあたりで〝どうして〟と聞かなくなってきた）

――ゆっくり混ぜるとトロッとしてくるぞ、すじがいっぱいできたァ。

――アッ、消えて透明になってきた。（めいめい観察する。じっと見つめるというクセが身につきはじめている）

――わぁ、ホントだ、割れない、どんどん飛んでいく。

――大きいのや、小っちゃいの、いっぱいできる。

――そうだ、外、行っていい？　外でやろう、外で！

争って外へでていく。ウチワを小脇にかかえ、ホースとコップを手に、アッという間に部屋はガラン。子どもの熱中さがわかる。追いかけて外にでる。やってるやってる。青空に向かって何十、何百と昇っていく。壮観。

「ちょっと見て、カバゴンが三、四コ作るよ。」（手首の返しにコツがある）

ゆっくりウチワであおぎ、中空で浮かんだと思った時、ウチワを横からやや強く払うようにあおぐ。

――アッ、増えた！　割れないで三つ、四つ、五つ…増えた、増えた。（パチパチ）

――すんごい！　やってもいい？

――できた、できた。割れずに増えるなんて感激。

うまくいく子、サッパリな子。見てると上手な子がうまくいかない子に教えている。これ、これ。これがねらいである。できる子がそうでない子の手助けをする。そのことで自分も上達する。完全にシャボン玉の

いざ、合体!!

とりこである。

「次でーす。これにロートを付けます。やってみます。ゆっくり吹きます。どう？　大きくなったろう。ナスビみたいだね。ゆっくり揺らします。離します。飛びます。」

――すんげえ、でっかい。

――やりたい、やりたい。

もうコツを覚えたあとは成りゆきまかせ。一人が作っている玉にもう一人がロートで吹きつける。二人で吹くと玉はさらに大きくなる。

――ワッ、ワァ。でっけえのー。

あっちでは玉と玉を合体させている。そこへもう一人、三つが合体。こっちでは五人で、アラカルトがどんどん増えていく。あたりはシャボン液だらけ。スッコロリンとひっくり返る者続出。いつの間にか素足になっている。ひとしきり終わるとまた大玉作り。ふわり、ふわり。

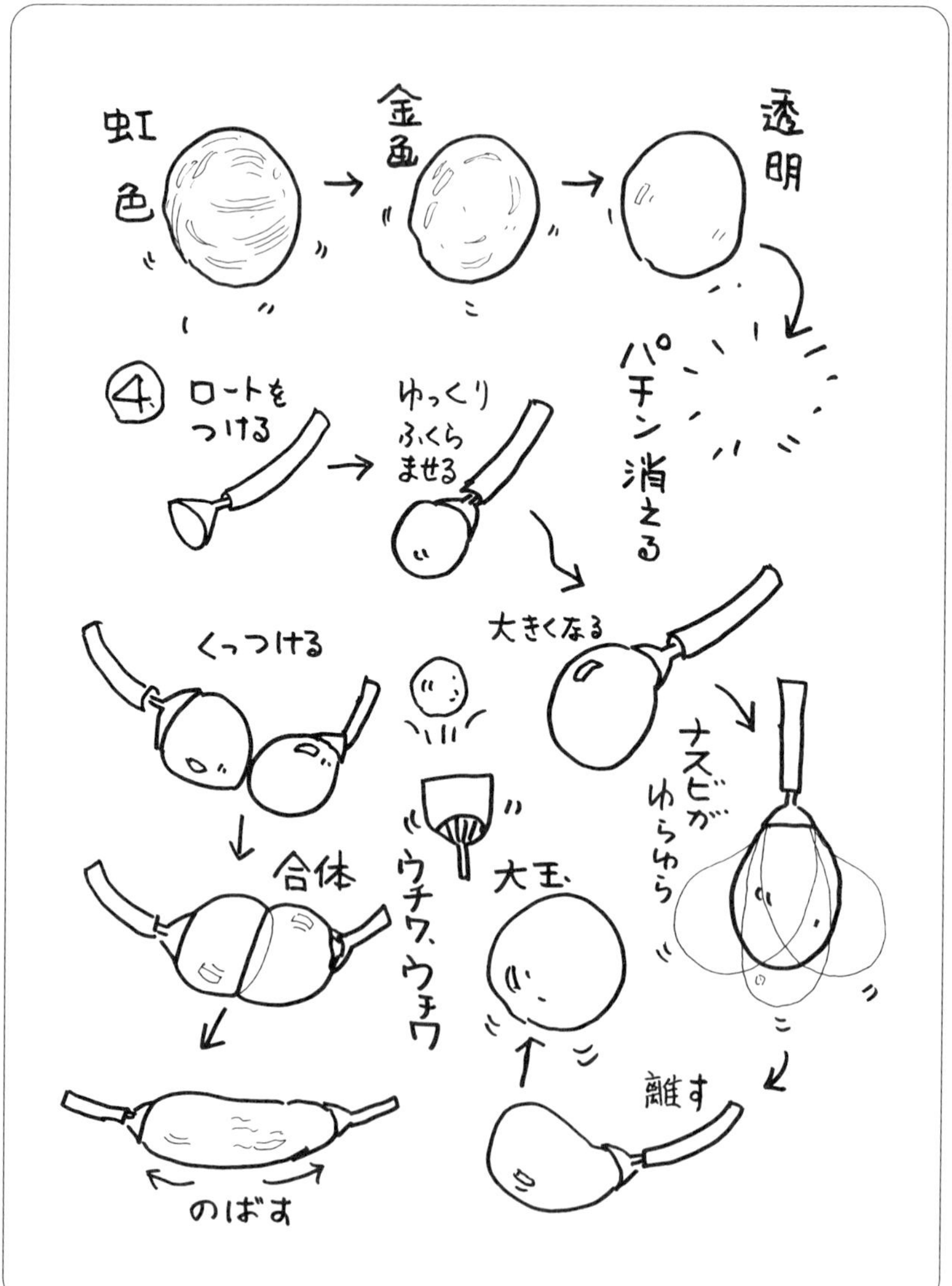
虹色
金色
透明
パチン消える
④ロートをつける
ゆっくりふくらませる
大きくなる
ナスビがゆらゆら
離す
大玉
くっつける
合体
のばす
ウチワ、ウチワ

虹色→金色→銀色→透明→パッと消える。その時期が読める子どもも続出。

「ハーイ、やめェ〜。」

パッとやめ、集まってくる。（ホールに戻る）

「ロートをはずします。次はお皿の登場。」

——知ってる、植木鉢《ばち》のお皿だ。うちにも大きいのがある。（何をするのか、次への期待で目がさらに輝いている）

「これをさかさまにします。溝《みぞ》が切ってあります。お皿とホースを水にぬらします。溝にそって、ここ（皿の底の中心）をめざしてホースで吹きます。ホースを後ろに引きながら…ハイ、ドームができました。今度はストローをやはり水にぬらして液をつけ、このお皿の底に差し込んでソーッと吹きます。それからストローを外側の丸い溝まで引っ張ってきます。ドームが二重になりました。そしてもう一回、ハイ、三重のシャボン玉のドームの完成です。もう一度やります。」

私の口元、皿の上での玉のでき具合をじっと見つめて、一生懸命、コツを覚えようとしている子どもたちの様子が手に取るようにわかります。

「ハイ、やってみよう。」

子どもたちはパッと散ってめいめいで口もきかずに始めます。もはや〝静かに！しゃべるな！〟の注意は要《い》りません。

三重ドームはむずかしい。二重ドームはあちこちで完成です。ジッとその色のでき具合を見ている子。指

お皿にドームを作る。

ドームにフィルムケースを入れて。

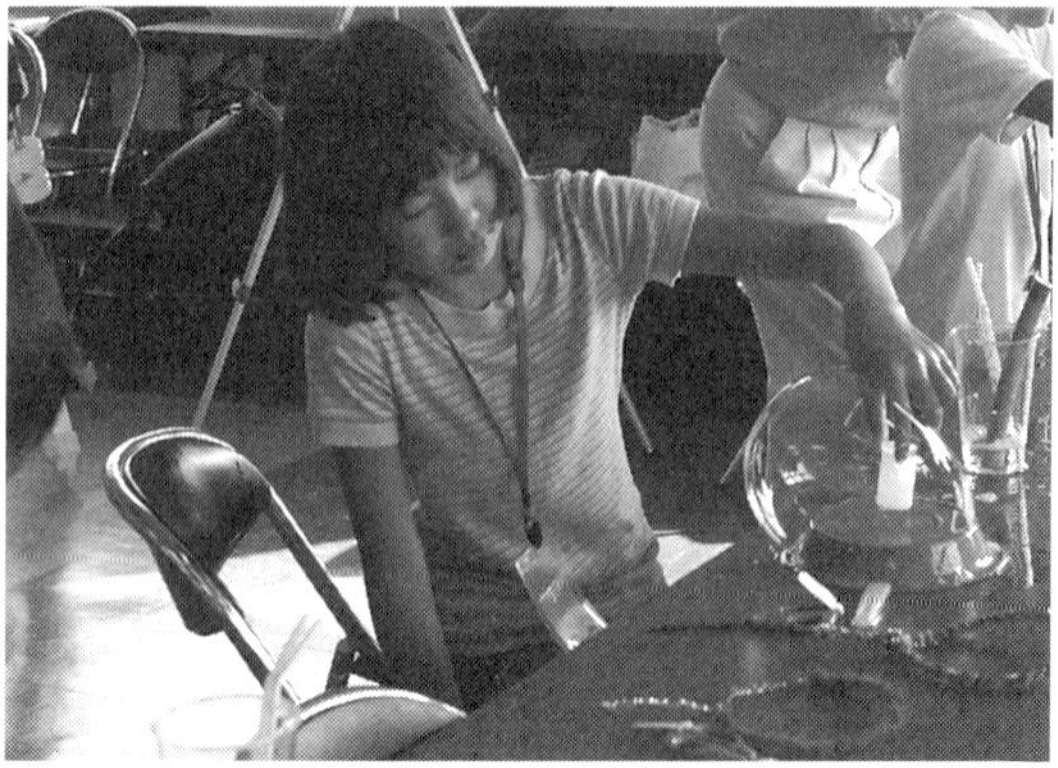

取り出せたらご喝采《かっさい》。

ではじいて消している子。ひと通り覚えると自分なりの工夫でオリジナルドームを作りはじめます。

ここが汐時《しおどき》。

「やめ～い。集まれ！　次はフィルムケースの登場です。ケースをぬらします。お皿の真ン中に置きます。ふたを閉めてケースの中に液が入らないようにします。ホースでドームを作ります。ケースがドームに覆われました。このケースを上の方から手を入れて取りにいきます。まず手首の上の方まで水でぬらします。乾いた手首でドームに触《さわ》るとパチンと割れてしまいます。ゆっくり、ゆっくり…。」

――あっ、入った。

――手が入っても玉が割れないぞォ？

「ハイ、キャッチ！　ゆっくり、ゆっくり。膜は大丈夫か？　割れるか割れないか？　エーイ、パー。成功！」

――（パチ、パチ）やった！

――カバゴンやったね。

「次は逆です。ドームの中に戻します。成功！　さぁ、やってみよう。」

失敗、失敗、成功、失敗、成功…。

――ほかのモノも入れていい？

アラカルトが始まります。入れたいモノが大きすぎて失敗。丸いものはどうか？　細長いエンピツは？　紙はどうか？　手近にあるモノがいろいろと試されます。

⑤ 植木鉢の皿
ひっくり返す
溝を使う
ゴムホース
全部水でぬらす
溝にそって吹く
⑥はりがね
モールをまく
連続大玉が
10～20コ
できる
中の溝にストローで
吹く
2重、3重の
玉(ドーム)が
できる
人形を入れて吹く
(高山村ではまずフィルムケース)
今度は入れる
脱出
成功
ぬれた手を
入れて

連続すずなり、いく玉できるか？

「やめ～い。集まれ！　今度は、テーブルの上にみんなでたくさんドームを作ってみよう。ロートを使ってもいい。ハーイ、始め！」

「集まれェ。まだあります。今度は、シャボン玉の授業に入る前に作っておいたはりがねモールの金魚釣りの輪です。これできょうのコースは一応終わりです。液にどっぷりつけます。そのまま、そっと上げます。ポタ、ポタが終わるまで待ちます。ポタが止まったと思った時、目の高さまで上げます。手首、腰、膝《ひざ》の三つを使います。これがコツです。この三つがうまくいかないと失敗します。玉がいくつもでますから、数えてください。始めます。」（リズムとテンポが大切）

　手首の返し、腰と膝の上下運動で、次から次へと玉がでてきます。かなりの大きさの玉がなんと二五個。

――ウワァ、ワァ、まだでてくる。

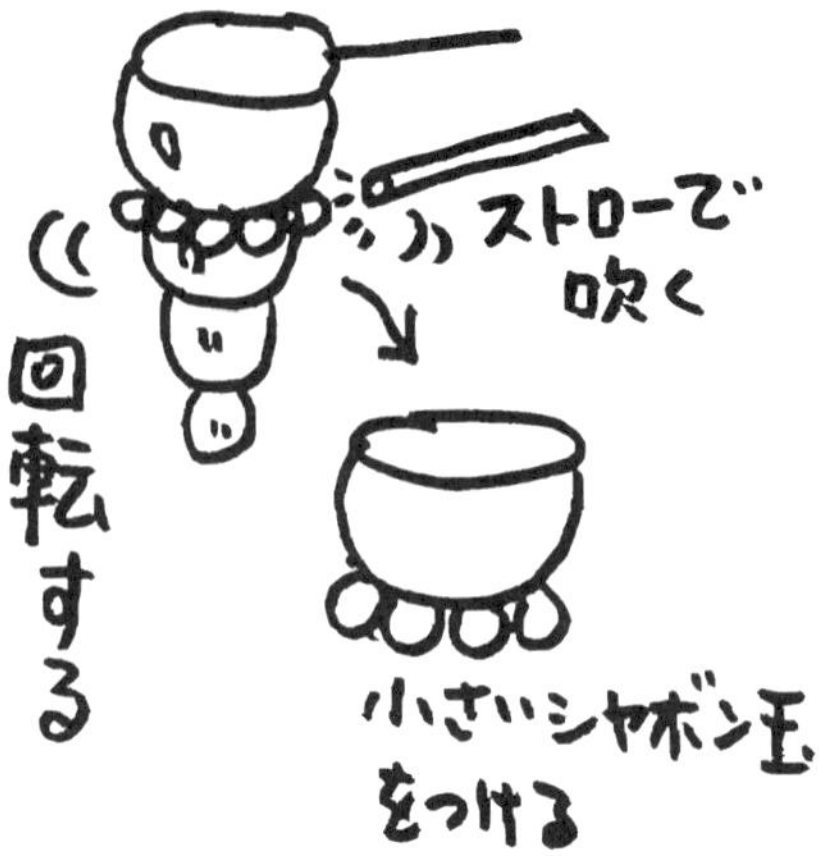

連続シャボン玉の完成です。始める前に腰、膝の練習をしてから取りかかる子、再び外にでかける子、さまざまです。空いっぱい、結構な大きさの玉で覆われます。

「次、このはりがねモールに液をたっぷりたくわえさせます。膜にストローで吹きかけるとシャボン玉ができます。ひっくり返すと玉がぶら下がります。その玉の下のところをまたストローで吹きかけると二重玉、そして三重玉、四重玉、五重玉、ぶらりぶらり。一番目と二番目の玉の間にも小さなシャボン玉をつけます。ここ（小さなシャボン玉がついたところ）をストローで吹くと、ホラッ、クルクル回る風鈴《ふうりん》の完成です。」

とにかく切りがない。

ニュートンの黒い膜

さて、夜です。それも九時半過ぎです。

「いよいよニュートンの時間です。ニュートンが夢中になってやっていたこと、それがシャボン玉だったことは日中の実験の時に話しました。空気より重たいものが空に浮く——ニュートンはふしぎだなと思ってシャボン玉を続けていたそうです。これからやる夜のシャボン玉はニュートンが発見したという〝シャボン玉の黒い斜膜《しゃまく》〟、通称〝ニュートンの黒い膜〟という実験です。ではさっそくシャボン玉でドームを作ります。灯《あか》りを消します。」

——ワーッ、きれい。

どよめきが起こります。シャボン玉の中空に虹色の帯（シマ模様）が浮き上がります。やがてその帯は

（三〇秒ほど）動き、波打ちます。激しい揺れが続きます。安定します。何かが起きてるようです。「ワァー、宇宙がコワれる!!」の声。それは遠い宇宙の彼方《かなた》で星が誕生したり、終焉を迎える様《さま》に見えます。みんなかたずを呑んで見つめています。やがてまた激しい動きが始まり、帯はたくさんの黒いオタマジャクシみたいなものに変わって天頂に向かっていきます。

——なんだ？　なんだ？　無気味！

ドンドン激しく昇っていきます。天頂は黒く透明になり、その黒い膜がドームを上から下へと覆っていきます。ドームの半分を越えるか越えない頃、パッとドーム（玉）が消えます。

——アッ、消えた。

——ふーう、すんごい。

溜《た》め息があちこちで起きます。

——もう一回やって！

また始まります。誰言うとなく、〝宇宙誕生!!〟。まぎれもなく宇宙がそこにある。何回くり返したでしょう。最後の瞬間は決まって溜め息。

——そうだ、消える瞬間を当てよう。ここと思った時、〝今!!〟と言おう。

子どもたちの提案で、玉の消える瞬間を言い当てようということになりました。いよいよその瞬間がきます。シーンとなる中、早まった掛け声があちこちから起きます。〝いま！〟〝今!!〟〝イマ!!!〟。タイミングが

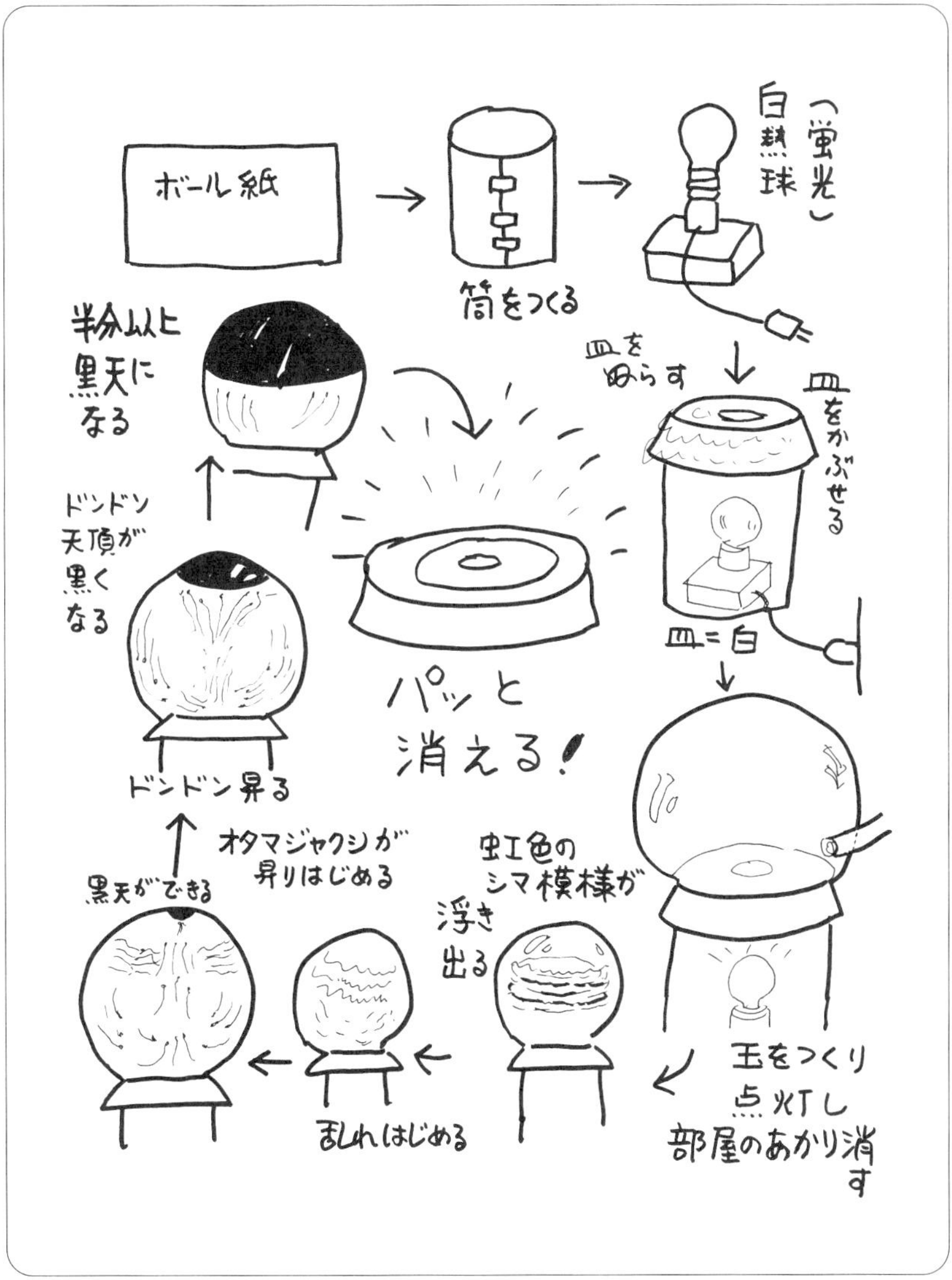
ボール紙
筒をつくる
白熱球
（蛍光）
皿をぬらす
皿をかぶせる
皿＝白
玉をつくり
点灯し
部屋のあかり消す
虹色のシマ模様が
浮き出る
乱れはじめる
オタマジャクシが
昇りはじめる
黒天ができる
ドンドン昇る
ドンドン
天頂が
黒く
なる
半分以上
黒天に
なる
パッと
消える！

合いません。意表を突かれてパッと消えてしまいました。「もう一回、もう一回」。またまたシーン。〝イマ〟をくり返してだんだんタイミングが合ってきます。〝よし、いまァーッ!!!〟。ぴったり、その後もぴったり。

「これが〝ニュートンの黒い膜〟なんだ。シャボン玉が消えるのに法則、つまり決まりがある。それを最初に見つけたのがニュートンというわけです。」

——カバゴン、それってさ、発見してどういう意味があるの？　何かに役に立つとかさ、あるわけ？　引力の発見に関係あるのかな？

「ニュートンは引力の発見とシャボン玉の関係については書いていない。ただただシャボン玉はおもしろい、だからやっていたとしか記録には残っていないんだよな。」

——質問。シャボン玉は熱に弱いんでしょ。きょうは下から電球？　それも熱の弱い電球使ったんでしょ。ニュートンの時代は電気がなかったんでしょ？　ローソクでやったのかな？　光源は何？

「ウーン、そうだね。それ、わかんないんだよなあ。」

——ウン、何を使ったんだろう？（ワイワイガヤガヤ）

——カバゴンさ、今ここで〝ニュートンの黒い膜〟を見てるボクたちってさ、平成のニュートンだね。

「ウン、平成のニュートン。そうだキミたちは今夜、ニュートンなんだ。一人ひとりニュートンと時間を共有しているんだ!!」

——背中がゾクゾクしてきた！

終わったのは深夜一一時を過ぎていました。

一斉点灯!!

ニュートンの宇宙誕生!!

見事な虹色、安定した世界。

思わずイキを呑む子どもたち。

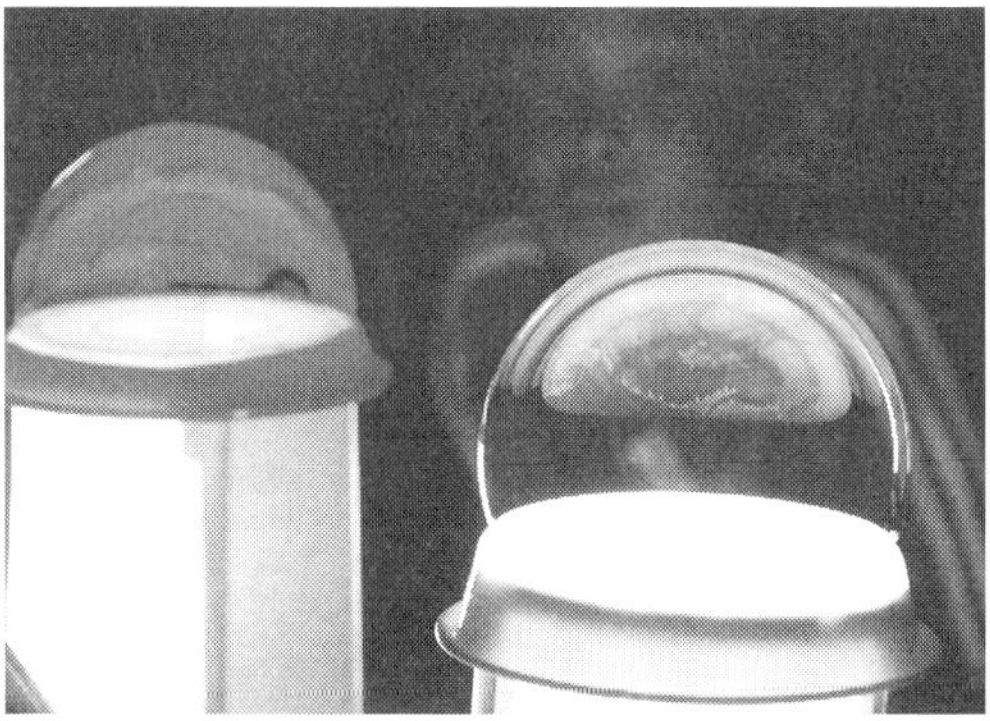

やがて宇宙のみだれが始まり…パッと消える。

天文台

全国に天文台（プラネタリウムを含む）といわれるものが約二四〇ほどあります。その中で東京の国立天文台、長野の国立天文台野辺山宇宙電波観測所は別格として、群馬県立ぐんま天文台と兵庫県立西はりま天文台は飛び抜けてすごい独立した天文台です。全国にある天文台やプラネタリウムの多くは科学館や博物館に併設されていますが、この二つは半端《はんぱ》じゃありません。実際に訪ねてみてびっくり仰天。〝群馬にこんなすばらしい天文台があったとは…〟。聞きしにまさる大・大天文台だったのです。

上越新幹線〝高崎駅―上毛高原駅〟間のトンネルのほぼ真上、標高八八〇メートルのところにあります。本格的な大反射望遠鏡二基と太陽観察鏡一基、しかもそれを一般に公開しているのです。屋外にはイギリスのストーンヘンジ（古代の巨石）を模したストーンサークル（春分や夏至《げし》にこの中心に立つと特定の石の隙

県立ぐんま天文台（同パンフレットより）。

間から日の出、日の入が見られる）や、昔のインドで使われた天文台の装置模型の一つ、サムラート・ヤントラという巨大な日時計もあります。谷川岳や富士山も晴れていればよく見えます。そのうえ館長の古在由秀先生をはじめ世界的な研究者たちが学芸員ということにもおどろきです。曜日によって夜一〇時までそれらの先生が付き添って望遠鏡をのぞかせてくれるのです。もちろん解説付きです。

ぐんま天文台のライセンスを取れば夜一〇時以降でも観測できるとのことでした。もっと早く来ておればと悔みました。私は天文少年時代（戦前）、横浜の家の屋根に寝そべって自分で作った望遠鏡をのぞきながら、あれが火星だ、金星だとやっていました。休みの日は決まって東京・有楽町にある毎日新聞社の屋上のプラネタリウム（当時はここと大阪の電気館の二つだけ）に一人で通ってました。そこで夏・冬の大三角形やペルセウス座の流星群を知りました。

空を見上げ、星を見るということはとてもいいことです。今の都会ではまず無理です（よく晴れていれば二〇〇〇個ほどの星は見えるそうですが）。せめて北斗七星、オリオン座、カシオペア座、白鳥座、夏の大三角形（ベガ＝織姫星、デネブ、アルタイル＝彦星）ぐらいは参加した子どもたちに見つけさせてやりたい。北極星の位置も…。何よりも自分が直径一五〇〇ミリメートルの大反射望遠鏡（直接目でのぞくことのできる望遠鏡では世界最大級）で星を見てみたい、そのために夏楽校の場所を高山村に決めたほどです。

＊

二〇〇七年に三コース行われたこの夏楽校では、いずれも星の観測会を実施しました。第一班に参加した子どもたちは赤い星アンタレス、青い星ベガ、そして縞しま模様の木星を〝目の前〟に見ることができました。真っ暗なので大反射望遠鏡がどれほど大きなものなのか見当もつきません。それでも子どもたちは大満足。第二班は曇りで残念。でも天文台取っておきのスライドで天体ショーをたっぷり見せて頂き、それなりの満足。第三班は雨・霧で周りも見えず残念。しかし昼間三ヶ月ぶりという太陽黒点を見ることができました。何といっても圧巻は大日時計。館の先生が解説してくれます。

「太陽と反対のところに陰ができます。ここへゲージ（測定器）を置きます。ハイ、じっと見ていてください。ゲージのところにあった陰が動いていきます。ハイ、ここが一分間に動いた位置です。目盛りを見ていれば、いま何時かがわかります。これは地球が動いた距離ですね。太陽の周りを廻っている。こんなに早いのです。」

暑くて強い日射しの中で館の先生によるこのようなお話が続くのですが、私は先生にあらかじめ、〝やさ

これぞ1500ミリメートル大反射望遠鏡!!

しくわりやすくではなく、専門用語でそのまま説明してください〟と頼んでおきました。半知半解でいいのです。〝何だかよくわからないけど、そうらしい〟でいいんです。わかりやすく説明することでかえって例のあげ方が不適切になり、わからなくなってしまうことが意外に多いのです。

——質問です。太陽まで、新幹線で行くと何日、何年ぐらいかかりますか？

「いい質問だね。一番速い〝のぞみ号〟で行くと…一時間で二七〇キロだとして…エーと（パチパチと計算）。ハイでた。キミ、何歳？　一〇歳か。するとキミが六二歳になった時、つまり五二年ぐらいかかるかな。」

——すげえ、そんな遠いんだ。そんなに遠い太陽から光と熱は九分ぐらいでとどく、すんごいコトなんだ。

天文台には各班ごと夜の部、昼の部、二回行きます。駐車場から歩いて約六〇〇メートルの坂道を歩く。熊の出没を警戒して鈴をならしながら歩く。緊張感が生まれる。熊に出会うかも知れない期待と不安。これも楽しみの一つです。天文台ってこうだったんだという発見。

〝楽校〟でも天文教室を開校。

「この食卓テーブル、測ってみたらだいたい二メートル四〇センチぐらい。これを太陽として考えよう。地球は八人兄弟。さあ太陽からの順番知ってるかな？」

——知ってる知ってる、エーと、水星が一番前にいるんだよね。二番が金星、三番が地球、その次が火星、そして木星、土星、天王星に海王星の八つ。冥王星はなくなったんだよね。

「すごいすごい、その通り。そこで大きさなんだけど、太陽がこのテーブルとすると一番前にある水星どれくらいだと思う？」

——たしか一番小さいんだ。まえは冥王星だったけど。（みんなよく知っている）

「さあ、これが太陽とすると、これが水星。」

——ナニ、それ？

「あずき。あんこのもとの小豆《あずき》。」

——ウヘェ、そんなに小さいの!!

「次の金星はこれ、五円玉。地球は一〇円玉。火星はだいず。あずきほどの大きさ。木星はバスケットボール。土星はサッカーボール。天王星はリンゴ。海王星はトマト…（これは宇宙航空研究開発機構の資料を参考にしたもの）。あらためてさ、太陽ってでっかいなって思うよね。この太陽と同じようなものが、宇宙には何万、何億ってあるらしい。宇宙って何だろうね。そして生きものがいるのは、望遠鏡で見える限りの星の中では地球だけだってのもふしぎだよね。みんなはふしぎの星の中にいるんだ。地球ってホントウにふしぎな星、奇跡の星なんだよな。」

——地球が奇跡ということは、ワタシたちも奇跡ということ？

「すごい、そう、キミも、あなたも、お父さんも、お母さんも、みんな奇跡なんだ！　地球に感謝しなくちゃ。もっともっと地球や宇宙のこと知らなくちゃ——。」

——カバゴン、絶対また来る。大望遠鏡でゼッタイ星みる。来るぞォー。

☆ ☆ ☆ ついに来たぞ天文台!!

登り路600メートルの坂。海王星から太陽までの道のりが表示されている。

これが日本最大級の天文台。

大日時計（サムラート・ヤントラ）の前で学習。

太陽リアルタイム反射板で、黒点発見!!

大反射望遠鏡の前で説明を聞く。

ロックハート城

これは迂闊でした。

俳優の津川雅彦さん。バブル全盛の一九八八年、イギリスの名城ロックハート城を分解して、ソ連のゴルバチョフ書記長のＯＫがでてシベリア鉄道ではるばる日本に運び、移送したのです。当時、今どこに着いた、どこを出発したと報道されました。バブルが崩壊して、その後どこへ行ったのやらと忘れていました。

それが高山村にあったのです。〝大理石村ロックハート城〟として延べ一万五〇〇〇人の人の力で一九九三年に見事復元されていたのです。高山村に入って初めて知りました。ながめてびっくり。「おー、オー、ハリーポッター…」。思わず叫んでしまいました。ヨーロッパのお城を日本で復元するというのは初めてだそうです。津川さんと群馬・沼田の石材会社社長、平井良明さんとが出逢い、実現したのだそうです。

夜空に浮かぶ大理石の城。

　ロックハート家はスコットランド独立の貴族、イギリスの産業革命でさらなる富を得て一八二九年に建てられたのがこのお城です。今から一八〇年ほど昔です。何とも風格のあるお城で、ダイアナ妃が使用していたロールス・ロイスまであるのにはおどろきです。大理石のお城に関係した展示室など地下三階まであり、「ウン、ここはハリーポッターやイギリスの魔法使い、妖怪がでてきてもおかしくない。ここでお化けの話をしたらバッチリ、よーし決めた」ということになりました。

＊

　三コース行われた二〇〇七年の夏楽校。その記念すべき第一班は、いきなりロックハート城で開校式。気分が盛り上がらないこと甚《はなは》だしい。仕方がないので鉄鎧《よろい》の騎士にスタッフが変装。これが重たくてヨチヨチ歩きでサマにならない。やっぱりお城は夜に限る。その日の夜は八時までお城を見学したあと、九時から〝楽校〟で怪談話。

「昔、高山村に五兵衛と新太という大工の棟梁《とうりょう》と弟子がいました。二人は前橋まで仕事にでかけましたが帰りは大雪、道に迷う二人はやっと見つけた山小屋で一夜を過ごすことになりました。」

お話はご存じ『雪女』。今、本の〝読み聞かせ〟が盛んです。私はその一つ前にまず〝素話〟が必要だと思っています。昔、おじいちゃんやおばあちゃんがしてくれたあのシナリオのない〝語り聞かせ〟です。語り手の声のひびき、強弱、表情の変化によって、聞き手はそこから自身の想像力を広げていきます。想像していたことが実際の話の展開と合致した時、子どもたちは快哉《かいさい》を叫びます。想像力がふくらんで創造力へと進化します。雪女のきまりゼリフは「おまえ、見たな？　誰にも言うでない。もし、人にしゃべったら殺す…」です。懐中電灯一つの灯りが効果をあげます。お話の後半――お雪の姿に化けた雪女と新太は結婚し、かわいい女の子が生まれます。何年かたったある雪の夜、新太は雪女を見たあの日のことをお雪に話し出そうとします。「だめだ、言っちゃだめだ、言うな」――子どもたちは真剣です。ここがクライマックス。新太は何度もためらいます。そして、しゃべってしまう――。その結末は？　怖いお話の醍醐味《だいごみ》です。

第二班はバッチシでした。

二日間だけ夜九時まで特別にお城に入れるという日。その二日目は花火大会まであるとのこと。ついてました。まず夜七時から花火がお城で上がるのです。しかも正面、その真上に上がる。いよいよその時、ヒル、ヒル、ドドーン――一等席です。タマや～、カギや～。ヒル、ドドーンパーパパーパードン、ヒルヒルドドーン、パッ、パッパッパッパーン…。

日本一短い花火大会。

地下３階大広間。

怖い、コワ〜イお話。
クライマックス!!

──シーン。

──おしまい？

──え？　もう終わり？

「短いですよ、一〇分ぐらいかな」とお城の人は言ってましたが正しくは三分一〇秒。

「すごい。特等席で世界最短の花火を見たなんてキミたちだけだ！」

さ、今宵《こよい》のロックハート城のお話はどうかな。

地下三階の大広間は壁面にロックハート侯爵《こうしゃく》夫妻の華やかな肖像画が飾ってあります。そこで『ロックハート城の花嫁』と題し、さっそくこちらの想像力を駆使して〝鏡の中に閉じ込められたロックハート妃〟のコワ〜イお話。

われながらなかなかのでき栄えの話と悦に入りました。

第三班もたまたま民放のドラマ撮影があり、夜の九時過ぎまで入れてもらえました。この時は宮沢賢治の『注文の多い料理店』をアレンジしたお話。

「あの三番のドアはあけてはいけません。お客さん、あのドアです（子どもたちはドアを見ます）。三番目ですよ、いいですか、絶対あけてはいけません。」

ふうーっと天井の灯りが暗くなります。語り手も聞き手もクライマックスに入ります。

「やがて旅人はそのドアをあけ入り、でてこなかった――。」

話の筋も登場人物もメチャクチャのまま終わります。

――怖いけどおもしろかった！

よく考えてみれば辻褄《つじつま》の合わないお話です。でも、みんな満足したのはなぜでしょう。二〇〇年近くも前の石のお城の地下三階の大広間に居るということです。一緒にハリーポッターやその仲間たちが居てもちっともふしぎではないというムードがそこにあった。その時、その場所に、自分が居たということが大切なのです。二〇〇年前にタイムスリップした気分、いかにもあったかも知れない、それがここではロックハート城なのです。ハートに鍵閉めたお城、ロックハート城。いつかハリーポッター物語をやろう…と思いました。

食事

——食事は子どもたちが作るんじゃないのですか。（おとなたちからこんな質問がでそうです）
「作りません。今度の夏楽校ではやりません。やるとすれば別の時にやります。今回は最高のものを作って頂く予定です。」
——最高とはどんなことですか。
「子どもたちの大好きなメニューといえばカレーライス、スパゲッティ、ハンバーグ、ラーメン、うどん、などですが、ならばその中でも最高のものをと私は思いました。今、〝食育〟が注目されています。子どもの糖尿病が増加しています。だから成人病から生活習慣病と呼び方が変わっています。子どもとおとなの境がなくなっているのです。私は今回の夏楽校で〝食〟も大切なテーマの一つとしました。

昔、〝おふくろの味〟と言われました。お母さんの作ってくれた味が原点ということです。手間ひまかけて作ってくれた味がおとなになっても思い出に残るということです。人間の機能に五官五感覚というのがあります。目で見る、耳で聴く、鼻で嗅ぐ、手・足で触る、舌で味わう。五つの働きです。視覚・聴覚・嗅覚・触覚はだいたい八〜九歳で完成し、あとは発達しません。それまでに育てておかなくてはいけません。しかし味覚（舌）だけは例外です。一生変化します。今まで食べた中であのカレーライスが一番おいしかったというのがあるとします。ところが今食べているカレーライスが一番と感じたら前の味覚は消えて今の味覚が一番として残るのです。でも、おとなになってからも〝おふくろの味〟を求めたくなるのは、そういう一番の味が味覚以上に思い出として残っているからであり、とても幸せなことです。たとえ子どもでも、その一番の思い出の味を忘れてしまうと、何を食べても感動しなくなって、〝食〟そのものが乱れます。これは不幸なことです。

今度の合宿では、その〝思い出の味〟も〝味覚〟も私に任せてくれました。そして私の味覚で〝これが今まで一番〟というものを提供させて頂きました。」

＊

ハンバーグステーキ

横浜に〝ハングリータイガー〟というお店があります。一度、廃業したのですが多くのファンの要望でまた始まりました。炭火、網焼き、こげ目がハッキリとつき、肉汁がジワッとでてくる。これぞハンバーグという一品です。

スパゲッティ・ナポリタン

これは〝横浜ニューグランドホテル〟製のものです。ナポリタンという呼び名はここから始まったのです。トマト味が絶妙な仕上がりです。ニューグランドには幻の裏メニュー〝レモンパイ〟もあります。

カレーライス

東京・日本橋に〝たいめいけん〟という洋食屋があります。ジャガイモやニンジンやお肉が形のままコロコロと盛りつけられたなつかしい味のするカレーです。また、鎌倉山（鎌倉市）には〝珊瑚礁《さんごしょう》〟という独特の味わいのカレー専門店もあります。ここは若い人でいっぱいのお店です。

ロースト・チキン

東京・六本木にある〝ル・コック〟というレストランのロースト・チキン。ここのカリッとした皮のおいしさ、身の底の底までしみとおった塩味の確かさ。ナショナル・チェーンではあの〝不二家〟の店先で回転するチキンも捨てがたい。

その他

野菜、くだものは地元高山村でしっかりと調達できます。とくにトマトのおいしさは抜群です。お米もしっかり、うどん、そばもいけるのです。

お塩

味の基本はお塩です。きちっとしたお塩を使えば、化学調味料は要りません。お塩は私の〝カバゴンの塩〟を使って頂きます。一九九九年に韓国・木浦《モッポ》の塩田を知り、日本式の作り方（六割濃塩水を平釜《ひらがま》でたきあげ、ミネラル二〇％）を地元の業者さんに技術指導、二〇〇二年に完成、今日に至っています。たっぷり使ってもからだに悪い影響はありません。何よりおいしいのです。〝食塩〟は塩だけ（塩化ナトリウム）一〇〇％です。からだに悪いのです。しょっぱいだけです。私の塩は、あま味、すっぱ味、にが味があります。だからおいしい。

――どなたがお料理を作るのですか。

「すばらしい人がいるのです。今回の仕掛人、田部井さんの知り合いでつい最近まで東京・新宿の〝京王プラザホテル〟の料理長をしていた遠藤和人さんが、私がやりましょうと買ってでてくれたのです。そして私の出した難題をやってくれると仰しゃったのです。そしておどろいたことに、遠藤さんは〝ハングリータイガー〟や〝たいめいけん〟、〝横浜ニューグランドホテル〟など一軒一軒その味を確かめに行かれたのです。〝いい勉強になりました。長い時間同じところにいると自分の店の味が一番と思ってその味の極めつきばかりに集中し、ほかのことはあまり考えないものです。ご期待に応えられる味にどこまで迫れるかやってみます…〟と遠藤さん。〝いいものを子どもたちに食べてもらいたい、ただそれだけです〟とも。私は恐縮しました。天下の〝京王プラザホテル〟の料理長です。何と幸せなことでしょう。子どもたちの食事は万全です。」

——安心しました。

*

子どもたちの夏楽校の食事は、朝昼晩とまさに毎日が〝リゾートホテル高山〟といった雰囲気のメニューでした。圧巻はフルコースのメインディッシュ、ローストチキンです。ヨコ一直線上にポテトスープ、サラダ、デザート（イチゴ添えバニラアイスクリーム。お皿が冷たい）。ナイフとフォークを使って食べます。チキンは骨を手で持ってかぶりつくのが正統。子どもたちも「そうか！」と納得。おいしい食べ方も同時に知ります。料理は一品一品すべて手の込んだものです。最近ではともすると何を食べても同じ味というお店によく出合いますが、フランス料理の名シェフが作る味噌汁、ケンチン汁、煮込みうどんはそれぞれの味が絶妙に違います。

「何といっても素材がいい。キュウリ、トマト、ジャガイモ、トウモロコシ、葉ものがいい。スイカも水気たっぷりで毎回出したいという感じですね」とあくまで謙虚な遠藤シェフでした。

最高の食事

高山村特産。もぎたて野菜の丸かじり。形もサイズもさまざまです。

これぞフルコース（ディナー）。

箸《はし》とらばァ～、いただきます。

アラカルト、朝食。

この人が、遠藤和人シェフ。

カバゴン券と〝だがしや楽校〟

その他いろいろ。

朝は六時五〇分にラジオ体操です。夜はフトンの上で車座になっておしゃべり。一人二人とバタンQで誰もいなくなってスヤスヤ寝息が聞こえ出すのが一一時過ぎ。あした学校というのではこれは無理です。あしたもあさっても休みだから許されることです。そして朝、眠そうな顔の子はいません。

朝の体操のあとは七時から全員でお掃除。各組に分かれ、組対抗でやります。何といっても〝カバゴン券（カバ券）〟がかかっている（八九頁参照）。時間内でどこまできれいにできるかです。みんな夢中でやります。リーダーがゴミの集め方、寄せ方を一・二年生に教えます。共同作業で獲得できるカバ券は五カバほど。

終わってから朝食までの二〇分が楽しみです。〝だがしや〟が開かれるからです。〝だがしや〟は本館の

これがカバゴン券。1円、5円、10円。

″わらび荘″の玄関口に設営されます。時間外は上にシートが掛かっています。「今あきまぁーす!!」。さあ大変、ごった返します。とにかく品揃えが豊富。単価は一カバ（実質一〇円）もの、二カバもの、五カバもの、一〇カバもの、最高で八〇カバもの（これは水泳用の浮き袋）。駄菓子やあそびモノだけでなく、エンピツ、ノート、消しゴム、下敷き、手帖といった学用品もあります。

野外活動のあとは温泉プールがありますが、それ用とおやつのために何としても一〇〇カバ手に入れたいという女の子がでてきました。六年までの漢字検定にすべて合格すると八五カバ。これが完了したらご褒美《ほうび》で二〇カバ上乗せ、合わせて一〇五カバ！「よし、やるぞ、六年完全制覇するぞ、浮き袋!!」というわけです。実際、この女の子は目的を達し、さっそくプールで大はしゃぎでした。

駄菓子類も目のこえた子どもなら見ればわかり

ます。普通のお店（スーパーやファミリーレストラン）では売っていないモノがここでは山とあるからです。ワクワクするのです。「よし、あれ買って弟に分けてやろう。」「コレはお兄ちゃんに。」いろいろ考えながら〝だがしや〟の前に立つのです。中でもみんなの総ねらいになったのが〝うまい棒四〇本入り〟の大袋です。これは実際には一本一〇円、総額で四〇〇円です。五〇〇円玉で一〇〇円お釣りがきます。安すぎるほどですが、一般のお店では売っていません。場所を取るからで、店の利益にはなりません。客引き用で〝見せるだけ〟のお店が多いのです。ここでは四〇カバで手に入ります。

だから〝漢字〟にもいっそう身が入ります。三・四年生の部をクリアすれば各一五カバで三〇カバ、一気呵成に五年生の部までねらえば二〇カバが加わり合計五〇カバ。これで〝大袋〟を獲得したとしても一〇カバ残る。「やるぞォ」となったら、あちこちで〝イチ・ニィ・サン、ひぃ・ふう・みぃ、…ジョウ・チュウ・ゲ、うえ・なか・した〟が始まります。七時五五分閉店、次は午後の勉強のあとに開店です。

目的を持った子は強い。勉強、あそび、お手伝いという〝子どもの三つの仕事〟で合計一五〇カバ以上も獲得した子がいます。その使い道は駄菓子、学用品ばかりではありません。一・二年生の子たちに「お兄ちゃんからの奢《おご》り」と言って振る舞うのです（低学年の子たちが三年生以上の漢字をやるのは大変です。したがって〝稼ぎ〟が悪い）。「それでも三〇カバ余っちゃった」と言ってました。この子はまた、ほかの子どもの漢字学習やシャボン玉作りを手助けする〝ヘルプ〟としても活躍しました。〝ヘルプ〟には、手助けされた子の申告で二カバ得ることができるのです。とにかくカバ券は大繁盛《だいはんじょう》です。

*

野外での自然体験では〝ひまわり畑大迷路〟というのがありました。約一万本のひまわりの花。一斉に咲くように仕向けるのは大変とのことですが、村の有志の方々が一生懸命手入れをして毎年行っているイベントです。開期は七日間（七月下旬～八月上旬頃）。第一班の夏楽校ではうまい具合にこれにめぐり合えました。

畑の中が迷路になっていて、でて来るのが大変です。二、三人ずつ、声をかけ合いながら、右往左往の大騒ぎです。「やったァ、出たァ。」――仲間の無事を喜び合う。

そしてトウモロコシ畑です。

高山村のトウモロコシは細身ながら粒《つぶ》が一つひとつしっかりしていて、ナマで食べても甘くておいしいのです。村のあちこちに大きなトウモロコシ畑があります。農家のおじさんの説明でタネを播いてからの成長ぶりなどを知ります。そしていよいよもぎ取り方を練習して獲《と》り入れ開始です。

「えーと一人、三本まで。タダじゃないよ。そうね、一本一カバほど頂きますよ。」

わぁわぁと畑の中に散ります。一本一カバ、三本でもたった三カバ。いいの見つけなくちゃとなります。

自分で得たエコマネーで家へのおみやげを買って帰る快感がからだの中を走ります。

高山村には湧き水、ちょろちょろ川があちこちにあります。

水もおいしい。

そのちょろちょろ川に入っての川あそび、街なかではまずお目にかかれない風景です。石をひっくり返すと、あわてて小さな沢ガニが逃げ出します。あっちでも、こっちでも、大騒ぎです。二匹、三匹、中には一〇匹も…。ひとしきり涼しくなったところで、逃がすか持って帰るか、二者択一の決断です。「帰る途中で死んだらかわいそう。」——捕《と》った沢ガニはそっと逃がしました。

川あそびのあとはいよいよ温泉プールです。

海水パンツが活躍します。お風呂は同じ建物内にありますが男女別々です。でもこちらは一緒。なかなか広いんです。一般のお客さんもいますが、みんな大あばれです。水中メガネを付けて逆立ちし、足をバタバタさせている子もいます。

どれくらいあそんだでしょう。

一時間、二時間…、もっとでしょう。こちらにもカバ券が使える〝だがしや〟があります。プールのあとはお風呂でからだを洗って湯あがりに冷たいものを一杯。

子ども心に極楽、ゴクラクの気分です。

何やらわかりませんがギューッと詰めた豪華なハンバーグって感じでしょうか。何をやっても充実してました。

1万本のひまわり畑。
7日間の生命の時間に間にあった!!
小川のせせらぎ。
沢ガニ見っけた。カジカもいたぞ!!
とうもろこし畑。一本一カバ!
温泉プール。80カバで手にした浮き袋が活躍!!

待ってましたァ
これぞみんなのお目当て
開幕！

や 開 店

だ　が　し

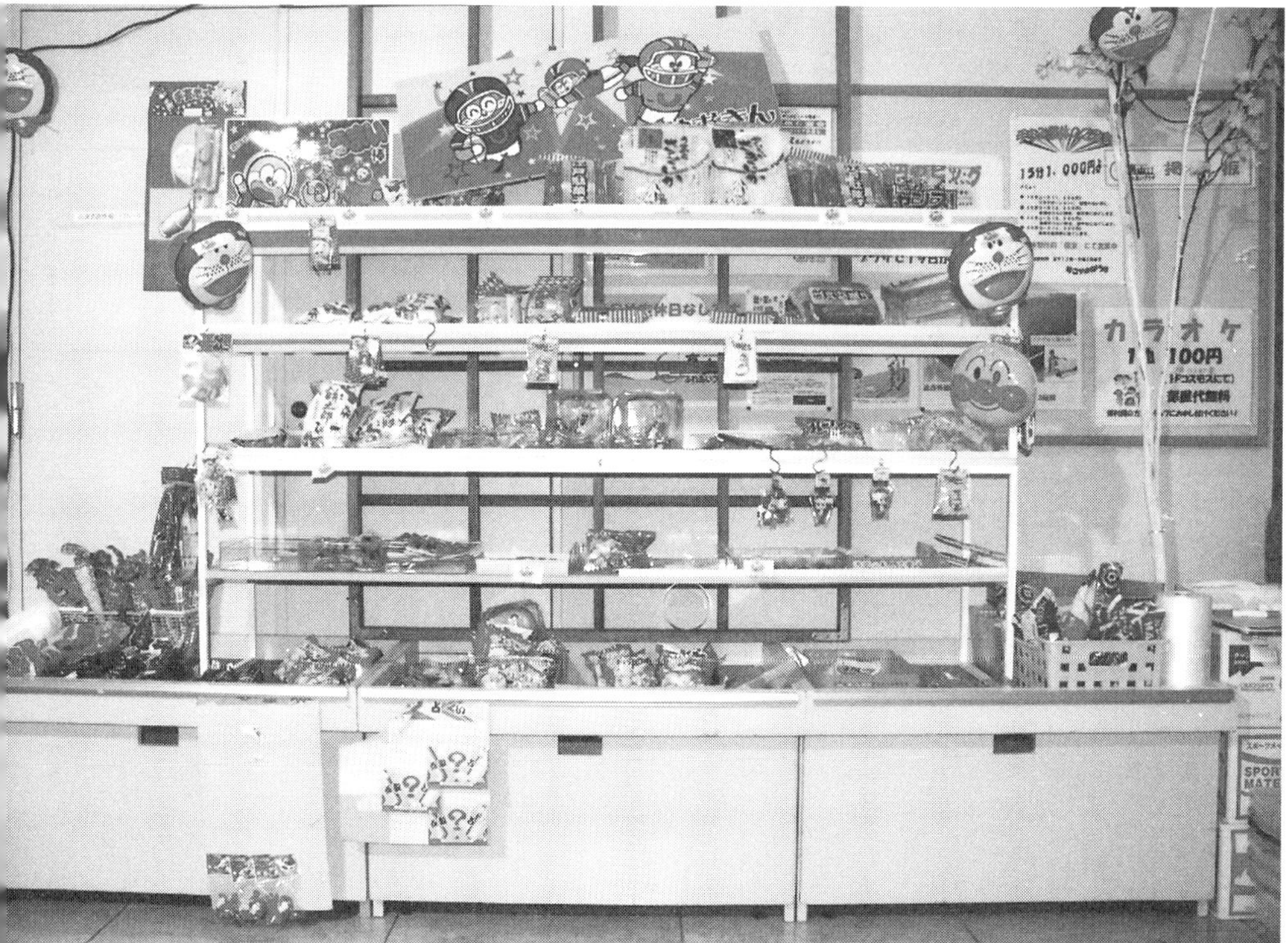

サテ、何を選んだら？

アレ、コレ、どうしよう？

やったね。これ、ちょうだい!!

第 5 話

これからの放課後楽校

「子どもたちは地域の宝。」地域のぬくもりに見守られた世界。子どもたちが自分ではどうすることもできない経済格差というハンデを地域のおとなたちが協力して取り払ってあげる。つまりすべての子どもが無条件で入っていける真の子ども空間の創出、これが私の発想のすべての基本です。

そのためには「子どもたちだけの価値が存在する子どもたちだけの世の中」（子ども世界）を支えるコミュニティと、おとなたちのやさしさ、温かさ、思いやりが必要なのです。

――二〇〇七年四月から文部科学省（文科省）が一一〇億円、厚生労働省（厚労省）が一八〇億円、合わせて約三〇〇億という大金を出し合って〝放課後子ども教育〟に本腰を入れることになりました。いったい何をやろうというのですか。

「放課後の子どもの生活に深くかかわってきたのは厚労省です。厚労省は保育行政に年間何千億という大きな予算を付けてきました。これは〇歳児から就学前までの子どもの生活全般にかかわるものです。厚労省の管轄下にある保育園はこの期間の子どもたちを対象とした施設です。保育園では保母さん・保父さん（今でいう保育士）が面倒を見ます。〝お母さんやお父さんに代わって或る時間帯に子どもの保護育成をする〟。つまりお母さん・お父さん役です。一方、幼稚園は文科省に属し、保母さん・保父さんではなく〝教諭〟です。就学前教育、つまり小学校一年生になるための事前教育が目的です。

一般的にはそのあたりの区別が昔からよく理解されていなくて、働く親の預けるところが保育園、専業主婦のそれが幼稚園程度の区分でした。最近ではその垣根がはずれて、幼稚園での三歳保育や預り保育（午後二時まで延長、働く親も可能）、あるいは保育園での就学前教育化など、幼・保一元化の様相となっています。

保育園の延長的考え方として、主に小学一～三年までの子どもを対象とした〟学童保育〟があります。働く親にとって心配なのは、学校の授業が終わって自分たち（親）が帰宅するまでの空白時間、わが子がどう過ごしているかということです。それが〟学童保育〟（もともとは保育園に附属していたものが始まり）という形をとって公立の各小学校やその周辺に併設されることになりました。一九九七年に児童福祉法で法制化され、助成（厚労省）が付くようになったのです。

子どもたちにとって〟学童保育〟は第二の家庭です。だから学校の施設とはいえ、〟ただいま〟と言って入ってきます。そして親が迎えに来るまでそこで過ごします。でも、施設やスペースが足りず、これを利用できない子どもたちもたくさんいるのが現状です。今、働く母親が多い中、どうしたらよいか。

一方、全児童を対象に〟子どもの居場所〟を作ろうと文科省が考え出したのが、小学校の空き教室を活用した〟放課後子ども教室〟です。二〇〇四年に横浜市、大阪市、京都市といった大都市を中心に始まった事業（文科省所管）がその前身とされています。文部省（現文科省）が一九九二年に掲げた〟ゆとり教育〟の基本理念は、〟ゆったりとした子どもとしての時間を持たせることが大切〟というものでした。でも実際には〟ゆとり教育〟自体の中身が具体的に描けないままで来てしまったといえます。そうした中で文科省が（二〇〇四～〇六年限度で）〟放課後教育にお金を付ける〟と突然言い出したのにはおどろきました。初年度七〇億円、三年間で約二〇〇億円です。全国一律に実施するのではなく、各都道府県ごとに実施案を提出してもらい、実施認定を与えたところに助成金を出すというものです。

県によっては何のことやらさっぱりわからず、スタート段階では文科省からの通知を県レベルでストップし、各市町村教育委員会は蚊帳《かや》の外という現象も起きました。実際、それまで文科省（あるいは文部省）は、学校外のことはまったく預り知らぬこととして〝学校〟対〝塾〟を基軸点にしていたほどなのですから（これもこの一〇年ほどの話）。そのため、公立学校に塾方式を取り入れるといったことも盛んに進められていました。〝塾に学べ〟が流行語になりました。

しかし、授業だけに専念できる〝塾〟と生活全般を含めた〝学校〟との違いを考えれば、そもそも〝学校〟に対して〝塾〟を対応軸にするのはかなり無理があります。それを見直し、というよりその問題性に気づいて再発見されたのが〝放課後〟だったのです。

〝学校と放課後は一体のものなんだ。家庭と学校と地域が一体化してはじめて生き生きとしたゆとりある子どもの時間が生まれる〟。これが、〝放課後〟に着目した当時の文科省審議官、寺脇研さんたちの発案でした。そして〝予算は何に使ってもかまいませんよ。これぞ放課後と思うことだったら申請してください。予算を付けます。たとえボランティアでも、必要なら指導者料だって申請してください〟となった。かくて前代未聞の〝放課後子ども教室〟があちこちで始まることになったのです。」

――そういうことですか。文科省のその方はどうして子どもの放課後が大切だと気づいたのでしょう？

「寺脇さんは文科省の生涯学習課長時代、全国各地のあそび場やあそびを見て廻りました。そこでたくさんの子ども、リーダーシップを取っている多くのおとなたちと出会いました。そして、自分が子どもだった昭和三〇年代後半、全生活の中心が〝放課後にあった〟ことに思い当たったのだそうです。

昔と今では状況が違う。〝原っぱ〟も〝だがしや〟もない。子どもたちが自然に集まり何かを勝手に始めることもできない――。あるではないか、学校の空き教室、図書館、体育館などを出入り自由にすればよい。指導者、世話焼きの人には有償で世話係りになってもらおう。おとなたちはできるだけ子どもの内容にタッチしない。公園なら子どもが勝手にあそんで責任持って後始末する。おとなは見守るだけで、子どもの自治に任せる。そうした放課後の〝居場所〟があってこそ、子どもたちは真の子ども時代を満喫できるのではないか。寺脇さんはそう仰しゃいました。」

――そうだったんですか。それで、文科省の呼びかけに横浜市は逸早く応えたわけですね。

「いえ、ほかの多くと同様、自治体レベルでは当初はピンとこなかったようです。横浜市の場合、まず動いたのは民間団体です。なかでも、一番最初に手をあげたのが〝教育支援協会〟です。これは元大手学習塾経営者、吉田博彦さんの呼びかけで作られた全国組織のNPO法人（一九九九年認証）です。

吉田さんは自分の作った塾がドンドン大きくなり、日本全国だけでなく海外でも発展する中、経営者としての仕事に忙殺されて教師としての面が希薄になっていることに悩んでいました。そしていろいろな事情が重なって経営からはずれ、〝塾と異なる子どもの場を作る〟ということを思いつき、全国に発信したのです。それが同じ思いの塾の経営者の共感を呼び、会ができあがったそうです。

吉田さんは通産省の管轄下にある塾（塾は教育産業という商売なので）を文科省に近づけたいと考えていました。そのため、子ども問題に関する文科省のいろいろな審議会に委員として参画し、その面でのパイプを強めようとしてきました。こうした民間・地域サイドからの取り組みの積み重ねが〝放課後の子どもの居場所をどうするか〟というテーマにつながっていったようです。私は二〇〇一年に吉田さんと知り合いました。二人とも横浜市の住民なので、それじゃあ横浜に自前の居場所を作ろう、ということになったのです。」

——ははぁ、〝学びやNEGISHI〟のことですね。

「そうです。横浜市磯子区にあるJR根岸駅沿いのマンションの一階に作りました。二〇〇三年にできた民間の〝放課後子ども教室〟です。〝カバゴン先生が思う放課後の居場所を作ってみませんか。放課後これだ!!というものを作りましょう〟と吉田さんは言ってくれたのです。

私は一九六五年に学校の教師をやめ、フリーでテレビやラジオの仕事をしながら幼稚園や保育園の保父さんを五、六年やり、七五年以来〝創造教育センター〟を母体として〝麻布科学実験教室〟（東京・港区六本木）を開いてきました。学校では習わない科学実験のみを行う塾です。今も毎週一回、一時間に一実験、小学生対象で年間四〇回以上（就学六年間で二五〇回以上）の実験を行っています。

山梨県南都留郡忍野村には自然体験の学習場として附属施設〝野生学園〟も作りました。ここは富士山正面をのぞむ絶景の地（借地分含めて三万平方メートル）にあって、主に土・日・祭日を使って体験教室を開いています。子どもたちにとっては土・日のために月〜金はある。しかしここでしっかり学べたなら、月〜金はそれを生かす場になる。月〜金を楽しく過ごせるようにするのが〝野生学園〟です。

〝野生学園〟には実体験できるあらゆるものがあります。富士山の存在感、樹海、富士五湖、洞穴、風穴のすばらしさ。ここで一日過ごす充実感は〝子ども時間〟にして数ヶ月分にも相当するでしょう。六〇年に一度のペルセウス座大流星群観察コンクール（朝日新聞社主催）で優勝、風穴・洞穴調査（財団法人洞穴学会主催）では最優秀調査賞を頂いたこともあります。どんなことでも集中して続けていけば必ず〝身につく〟、少ない時間でも着実に一つひとつを積み重ねていけば必ず〝形に現れる〟と信じてやってきました。

今はいずれの現場も若い人たちに任せ、私はフリーで動いています。

吉田さんに提案し、〝学びやＮＥＧＩＳＨＩ〟でも〝麻布〟のような実験教室を開いてみることになりました。はじめは五人でしたが、やがて一〇人、二〇人と集まってきました。この〝教室〟は〝おもしろサイエンス〟と名づけました。

〝麻布〟の場合は学年ごと、きちっとしたカリキュラムに基づいて、一チーム子ども六人におとな二人で対応しますが、ここは違います。放課後早く来るのは低学年。高学年はあとからなので大きく二クラス編成にしました。しかもここは塾や学校じゃないから、どうしてこうなるかをハッキリさせない。ただ、おもしろいからやる。くり返してやり続ける。あれこれいろいろやってるうちに、突然「そうか、それでバクハツしたんだ‼」と気づく。わかっちゃう。だからシャボン玉の液の作り方や基本的な玉の作り方を丁寧に教える。あとは子どもがどこまで行き着くか。夢中で一つのことをやります。そろそろ先が見えたかなと思う頃、新しいテーマに移ります。こうして学校にも塾にもないスタイルができあがっていったのです。

そんな時、横浜の市長が代わりました（二〇〇二年）。三八歳の中田宏さんが〝横浜から日本を変える、横浜から日本の教育を変える〟をスローガンに当選しました。それまで市の関係者と民間の教育運動家は背を向け合っていました。市は民間の教育展開にあまり関心を示さず、民間は民間で、市には期待感ゼロでした。新市長で何かが変わるかも知れない。吉田さんは市内の民間団体に、一体となって市に向かい合おうと呼びかけ、新たな組織を作りました。〝横浜子ども支援協議会〟です。初代会長に私が推されました。中田さんは教育長を文科省から招きました。伯井美徳さんです。私たちにとって追風《おいかぜ》でした。伯井さんと吉田さんは同じ関西出身、阪神タイガースのトラキチ仲間で、以前からのお付き合いです。市と民間の急接近となり、二〇〇四年二月二八日には横浜市教育委員会と横浜子ども支援協議会の共催で〝子どもたちのために、今、おとなには何ができるか〟と題した大集会を持つことができました。この時、市からは七つの提案がありました。その七つ目には〝民との協働による教育行政の推進〟、〝不登校日本一の現状の解決〟というのがありました。また私たちからは、不登校解決のために、〝新しいコミュニティスクールづくり、子どもの居場所づくり、新しい地域づくり――子どもが一〇円玉で生き生きする横浜子ども教育経済特区を作ろう〟という具体的な提案を出しました。」

――〝子どもが一〇円玉で〟というのはその時初めてでてきたのですか？

「これは私が長い間温めていたものです。子どものお小遣いは日銭から週給へ、そして週給から月給へと移ってきました。今は月給制か貰っていないかのどちらかです。月給制とは月極めでいくらというものです。調べでは小学校低学年は無し、三・四年生以上では貰ってもそのほとんどが貯金です。お年玉と合わせて何万、何十万円となっています。自分の意志で買いたい、食べたいというのはなくなっています。欲しいものはその都度、親にお金を出してもらう。経済的に親の支配下から脱出できない。

でも自分の考えで必要だと思ったものを自分のお金で賄うというのは大切なことです。いずれ親から独立するのはもちろんですが、子ども時代の〝今〟だって、親の世話になりたくない部分が必ずあるのです。勉強、あそび、お手伝いという〝子どもの三つの仕事〟を通して、自分の力でお小遣いを得る実感と、その〝一〇円玉〟で心ゆくまで〝だがしや〟にひたる快感。〝原っぱ〟があり、〝だがしや〟が存在したかつてのあの時代、あれを今流に味わわせる方法はないものか？

そう考えていた矢先に出合ったのが松田道雄著『駄菓子屋楽校――小さな店の大きな話・子どもがひらく未来学』（新評論刊、二〇〇二年）という活字がビッシリと詰まった分厚い本です。新評論は私が一九六一年に書いた大ベストセラー『現代子ども気質――わかっちゃァいねえんだなァ』の出版元です。松田さんは四〇代そこそこの山形の中学の先生です（現在は高千穂大学人間科学部准教授）。さっそく私は彼に会いに山形へでかけました。現存する市内の〝だがしや〟さんを何軒が案内してもらい、仲間の方々とお話をし、〝楽校〟としての具体的展開が深く広くこの地に根づきつつあることを実感して帰ってきました。

吉田さんに松田さんの本をお貸しました。彼は仰天しました。〝こんな人がいたとは？！〟。駄菓子屋とそれをとりまく〝子ども世界〟の歴史、子どもと地域とのかかわりについての分析、現代の〝だがしや〟的空間づくりについての考察、そして今おとなは何をなすべきかといった提案まで、その格調高い博士論文の一般書化に目を瞠《みは》ったのです。

松田さんたちの運動は、二〇〇六年に〝だがしや楽校全国寄り合いin山形〟というワークショップ型の大集会に発展しました（私たち二人もゲストで参加）。そしてその第二回大会を横浜で開催することを約束し、翌年には私たちが松田さんをお招きするということになったのです。」

――ワクワクするような出会いの連続だったのですね。ところで、〝新しいコミュニティスクールづくり〟や〝子どもの居場所づくり〟の具体的な提案とはどんなものだったのですか？

「不登校問題を考えた時、学校という枠組みからはずれた子どもを元に戻そうとするには、相当なエネルギーが要ります。しかしそれは無駄な努力です。私たちは不登校の子どもに聞きました。〝どんな学校なら行ってみる？〟。何十という答えが返ってきました。昆虫学校、パン・ケーキ学校、中華料理・和菓子学校、デパート・スーパー店員学校、電車・バス運転学校、動物園・水族館・遊園地学校、農・漁・山村学校、自転車・自動車・ロボット製造学校…などなど。それらはいずれも、官から与えられるものじゃなく、コミュニティから涌きでるものではないでしょうか。そうだとすれば道は大きく開かれる。

官はお金は出すが口は出さない。これが理想です。二〇〇四年の四月から始まった文科省生涯学習政策局の〝子ども居場所づくり〟事業に参画していく中で何かが実現できると思いました。土・日・祭日を中心とする従来にない学校（〝楽校〟）を作ってみよう。横浜だったら、まず港・船が象徴的です。港が好き、船が好きな子どもには幸い〝港みらい地区〟に帆船日本丸が係留されている。将来的にはこれを公立の日本丸小学校として〝海〟のことを学びながら普通教育も受けられるようにする。動物好き・自然好きの子にはズーラシア・金沢自然動物公園・野毛山子ども動物園があるし、海好きには金沢八景島シーパラダイス、歌やお芝居が好きな子には中区野毛のにぎわい座、お料理やサービスが好きな子には中華街・元町商店街・横浜ニューグランドホテル、商売が好きな子には磯子区の南部市場、お医者や看護士になりたい子には市大病院、研究者になりたい子には国立・市立の大学がある。これらの協力で同じような展開を生み出していく。

そこはみなコミュニティに支えられた場です。コミュニティは学びの宝庫です。子どもたちは思い思いの

〝学校＝楽校〟を選んでさらに〝子ども世界〟の夢を広げていく。しばらくやってみてそれが向いてないと思ったら変更すればよい。今なりたいと思っているものになるためには、今何を学べばよいかという目的意識を持たせることです。コロコロ変わっていいじゃないですか。おとながそれにきちっと対応して、〝ほう、今度はそうなったか？　ええと、パイロットになるにはだな…〟と調べてあげる。これがおとなのやさしさ、思いやりではないか。〝電車の運転手になりたい〟とは子どもにとって〝電車の一番前に坐りたい〟という意味でもあるわけですから。また、初志を貫いて将来その道についたからといって、その仕事や職場が必ずしも自分の描いた夢と同じだったということにもならない。多くは〝今でもなりたいけど違う選択肢を取った〟というところでしょう。なりたいもの、やりたいことを子どもなりにたくさん思い描き、体験し、やがて自分に合った仕事ができるようになれば、それがベストです。そのきっかけとなるような〝楽校〟を作りたいのです。

とりわけ日本丸。ここで子どもたちが登帆《とうはん》訓練をしたり、手旗信号・カッター漕《こ》ぎをやっているのを多くの観光客が見る。〝イベントですか？〟。〝いいや、公立の小学校です。ここは世界の港ヨコハマ。小学生たちは今、船から世界を学んでいるのです〟。聞いた人はどう思うでしょう。〝へーえ、進んでる。さすがヨコハマですね。ウチの子もぜひ横浜で勉強させたい〟とこうなるでしょう。街づくりと子どもの居場所づくりを切り離して考えてはなりません。〝この街に住んでくれてありがとう〟。親たちがそう子どもたちから感謝される街づくり。それは子どもの居場所づくりそのものでもあるのです。」

——人が街を育て、街が人を育てる、ですね。もう一つ、〝子ども教育経済特区を作る〟とは具体的にはどういうことなのですか。しかも一〇円玉？　コミュニティで？　経済的には成り立たないと思いますが？

「成り立ちます。ただしそれにはおとなの理解と協力が要ります。昭和三〇年代の街にはそれがありました。子どもの生活値段があったのです。小遣いで何とかなる、そういう仕組みをおとなが作ってくれていたのです。今はそれがまったくありません。物価の上昇がかなり関係していますが、ラーメン屋さんに入ってもすべて一杯いくらで子どもが払う金額としてはあまりにも高すぎます。今やお子さまランチにしても料金はおとな並みです。電車・バスや映画・遊園地は昔と変わらずおとなの半額ですが、絶対金額が高すぎます。所得〇円の子どもにとってこれは大きな負担です。〝やったァ、満足!!〟と感じるには三〇〇〇円も四〇〇〇円もかかります。これでは月に一回か三ヶ月に一回の金額になってしまい、子どもたち同士が単独であちこちでかけることもできません。

　子どもはいずれ独立しなければなりません。今のうちから親の経済的助けがなくともある程度日々行動できるようにしてあげることが大切です。毎日の暮らしの中で具体的な生身《なまみ》の体験を積み重ねながら想像力を逞《たくま》しくしていくことが大事なのです。それが〝子ども教育経済特区づくり〟で実現できると思うのです。

　横浜市内には市営の地下鉄があります。現在、〝湘南台―あざみ野〟間約一時間でおとな五〇〇円、子ども二五〇円です。子どもが往復利用すれば五〇〇円、それに食事・おやつ代、あそび代が入って、心ゆくまであそんだと実感するにはやはり三〇〇〇円はかかります。現在、市の交通局は土・日・祭日に限り、地下鉄料金を小・中学生一回一〇〇円（全区間）としています。市バス・私バスもこれに準じています。

　私たちは交通局に話を持ち込みました。〝土・日・祭日に限り一〇円にできませんか？〟。一〇〇円で一〇回乗り降りができる。そうすればたくさんの子どもが利用する。今、横浜の青葉区、緑区、都筑区の子どもたちは港のある西区、中区、金沢区といった海のある街にでるより、ほとんどが東京の渋谷、新宿へ行ってしまいます。小・中学生が三〇万人もいる中で、地下鉄・バスが子どもたちでいっぱいになるという光景を見たことがない（ある市会議員に調べてもらったところ、年末年始一五日間で一〇〇円で利用した小・中学生の数は約八〇〇〇人、一日約五〇〇人。三〇万人もいてこの人数。多くの子どもたちは地下鉄を使わなかったことになる）。これでは自分たちの街で暮らしているとはいえない。もし一回一〇円で一日五万人行って戻ってで一〇〇万円、何回も気軽に乗る子を考えたら二〇〇万、三〇〇万にもなるではないか。交通局の正式な話ではありませんが、〝九〇円分どこかが負担して頂ければ実現します〟とのことでした。

そうだ一〇分の九をおとなが負担すればいいんだ。電車やバスだけでなく、この発想で有料遊園地、レストラン、映画館、それに買い物も、休日にはどこでも〝一〇人分の一〟の子ども値段で過ごせるとなったらどうだろうか。他地域の子どもも横浜に友だちがいればこの特典に預れる。休日、街は子どもでいっぱいになる。親と離れて小さな子は大きい子に連れられてやって来る。小学校区には最低一軒の〝だがしや〟を作る。店の品揃えは地域で行い、店番には子ども好きの近所のおばあさんが有償・無償で参加する。〝全市だがしや地図〟を頼りに子どもたちの大移動、大交流が始まる。知らない街を毎週のように行ってみる。〝一〇分の一〟なのだから一〇〇円持っていれば実質一〇〇〇円の価値。

この発想が〝子ども教育経済特区づくり〟構想のベースです。

親がわが子に直接お小遣いをあげるのではなく、まずおとなが〝地域通貨取り扱い所〟のようなところで一〇〇〇円でエコマネー一〇円券一〇枚を購入する。商店街などでもサービス品としてこれを購入する。このエコマネーを子どもにタダであげるのではなく、勉強でもあそびでもお手伝いでも一つのことを子どもなりにやり通したら、そのご褒美として渡すことにする。昔のお駄賃です。親の代わりにお使いに来たら、お店は〝ホレ、お駄賃だ〟とおまけ代わりにあげる。子どもにとっては勉強もあそびもお手伝いも仕事のウチ。それでお駄賃が貰えるなら子どものワクワク感も一気に高まるでしょう。そしてこれがコミュニティ単位で広がれば、きっと自治体も動き出し、一〇円電車、一〇円バスが実現することでしょう。」

——ああ、それを形にしたのが〝日本丸パークだがしや楽校〟だったのですね？

「そうです。二〇〇三年と〇四年に二年続けて造船所跡地の〝日本丸広場〟でやりました。日本丸が小学校の校舎として実現することを願って、まずは日本丸のことをよく知ってもらおうと、ここを会場にしたのです。エコマネーについてはすでに〝根岸〟での実践で〝カバゴン券（カバ券）〟を発行していました。学習したら一カバ券以上が貰え、これで駄菓子を手に入れるというものです。日本丸でもこれを取り入れました。

会場での催しは山形での松田さんたちのやり方に学んで、〝おとなたちが作る店〟〝子どもたちが作る店〟というのもたくさん出しました。企業・団体にも参加してもらい、何より駄菓子のお店では埼玉県に倉庫を持つ大卸し問屋〝やおきん〟さん（本社浅草）が全面協力してくれました。子どもたちが初めて見る珍しい品揃えを山ほど。にぎにぎしくなりました。

来る子どもたちは会場受付でまず二〇〇円分のカバ券を買います。会場内で使えるお金はあとにも先にもこれだけです。あそびもおやつも現金では駄目です。足りなくなったら〝仕事〟を斡旋《あっせん》してもらい、さらにカバ券を手に入れなくてはなりません。店の手伝い、道案内、清掃、探せばいろいろな〝仕事〟があるものです。当てむきあそびでどの籤《くじ》を引こうか悩んでいる年下の子を手助けしてあげる、これも〝仕事〟です。カバ券を使う場所、その一番人気は何といっても〝だがしや〟です。スーパーや街なかのお菓子屋さんではお目にかかれない目新しいものばかり。大繁盛で、一時間待ち、二時間待ちとなりました。親たちからクレームがたくさんでましたが、それでも子どもたちはじっと待っていました。知っているのです、ここにある五円一〇円のモノが他所《よそ》では手に入らないことを。雨に祟《たた》られながらも二日間で五万人以上の人出。大成功でした。〝仕事〟をしてカバ券を手に入れ、必要なものを調達できるという発見。これは子どもたちにとっておどろきだったようです。

　こうして市内のいくつかの〝放課後子ども教室〟でもこの手法を取り入れ、〝仕事〟をしてカバ券を貯め、定期的に開かれる〝出張だがしや〟でワクワク感を楽しむ、という形が定着していきました。次の年も日本丸。二年続けて雨。天気には勝てないので、第三回目（二〇〇五年）からは毎年〝パシフィコヨコハマ〟という大イベント会場を利用することにしています。会場費が日本丸の五倍以上なので、私たちの力ではとても借りられません。協賛企業のお力で年々大きくさせて頂いているのはありがたいことです。三回目からは名称も〝ヨコハマだがしや楽校〟に変更です。こうした年に一度のイベントは今後も続けるつもりですが、もっと個々の〝居場所〟でも普通に展開できるようにしなければなりません。

　〝子どもの仕事〟は三つです。勉強、あそび、お手伝い。これにお駄賃がでる。そのお駄賃で子どもとしての〝今の生活〟を賄う。見た目、親のお世話にならないで、自分でものを考え、決定し、地域に育まれながら楽しく毎日を送っていく。それが本当の意味での自立への第一歩ではないでしょうか。」

――その延長に〝カバゴン夏楽校in上州高山〟があったというわけですか。

「そうです。勉強して力をつけ、友だちとあそび、小さい子の面倒を見る。みんなと協力し合ってお掃除をする。すべて〝仕事〟です。〝仕事〟をしてカバ券を手に入れる。カバ券では駄菓子やあそびモノだけでなく、文房具も手に入る。自分の才覚と努力で手に入る。この夏楽校の期間は、高山村の国民宿舎や温泉施設をたまたま訪れた一般家族の子どもたちにも〝だがしや〟コーナーを利用して頂きました。二〇〇円でカバ券二〇カバ（一カバ一〇円相当）と交換です。子どもさんが親のために何かしたとか、お駄賃に値いする何かをやったと思ったらカバ券をあげるという約束です。そしてカバ券のウラには親の使用ＯＫのサインをつけてもらう。その認めがないと使えないようにしたのです。これは宿泊客、日帰り客の親子たちにも好評でした。」

――今後、このユニークな取り組みはどのように発展するのでしょうか。

「埼玉県さいたま市でいえば、ＪＲさいたま新都心駅東口に〝高山村観光大使館〟というのが二〇〇七年七月に設置されました。毎週土・日には高山村の朝市や地元の方の指導による手打そば講習会が開かれています。その際〝だがしや〟も開店します。もちろんカバ券が使われます。この〝大使館〟では〝カバゴン楽校〟を開校し、漢字検定、詩の音読会、おもしろサイエンスなどの講座を開き、順次市内一〇区に同様の〝楽校〟を作っていく計画です。それぞれの地域単位でまず場所を確保し、講座を担当する方を見つける。〝楽校〟は社会的貢献として参加して頂ける個人・企業によって運営されるでしょう。だから時給いくらではなく、気は心の日給（生活保証額は出せません）でやって頂ける方の協力が不可欠です。〝子どもたちは地域の宝〟。みんなでお金を出し合う。国も補助金を出す。地域のぬくもりの中で子どもたちは育っていく。地域に見守られた世界。子どもたちが自分の力ではどうすることもできない経済格差というハンデを地域のおとなたちが協力して取り払ってあげる。つまりすべての子どもが無条件で入っていける真の子ども空間の創出、これが私の発想のすべての基本です。

子どもたちに〝生きる力〟を言う前に、まずおとなたちがやるべき大事なことはこれです。〝親はなくとも子は育つ〟。地域の力で子どもたちは育ち、あとは子どもたちが子どもたちなりに試行錯誤しながら、自分たちの〝世界〟の中で勝手に大きくなっていくのです。」

＊

温泉に来た親子連れ。親は二日間のんびり骨休み。子どもは常設の〝子どもの仕事斡旋所〟に立ち寄って年齢相応の〝仕事〟につく。その日はいろいろな〝仕事〟をしてカバ券を手に入れ、宿部屋《やど》に帰る。〝楽校〟指導料は宿泊代に折り込まれている。カバ券貰った次の日、子どもは温泉街にくり出し、一〇分の一の値段の買い物に心ゆくまで興じる。

もっと〝仕事〟をすればよかったと思う。また来ようね、となる。温泉街としてはリピート客大歓迎。温泉街復活のカギになります。親としても子どもが意外なところで異次元の勉強ができたと喜びます。一石二鳥の温泉楽校です。

街の商店街でも同じことです。地域おこしです。年少者労働は禁じられていますが、お手伝い、お駄賃は平気です。〝子ども教育経済特区〟の中で、出前をする、料理を運ぶ、レジをする、逆にお客としてお使いにも来る、その都度カバ券がでる。どの店にもカバ券で手に入る品物が何点かある。自分で得たカバ券で手に入る。子どもがいる、子どもでいっぱいになる、街じゅうが〝楽校〟になり、地域は元気を取り戻す。

動物園だって博物館、映画館だってそうです。すべてが〝楽校〟に変わります。さいたま市大宮区に大規模な〝鉄道博物館〟が二〇〇七年一〇月にできました。東京・神田にあった施設が閉鎖され、一年後新たな装いで再開されたものです。私の住む横浜からだとちょっと遠い。電車賃は往復で子ども八六〇円かかります。入場料五〇〇円、食事・おやつ代などを入れれば三〇〇〇円は要ります。一人で何回も行けません。鉄道大好きな子にとっては親だのみです。ところが一〇分の一のカバ券で行けるとなったらどうでしょう。電車賃は一〇〇円、入館料は五〇円、そのうえ館内でガイドや店の手伝い、清掃などの〝仕事〟ができ、それによってカバ券が手に入り、〝だがしや〟が常設されていたとしたら…。博物館は子どもたちであふれ、活況を呈します。

新幹線だって飛行機だってカバ券で乗れるとなったら、子どもたちは〝子どもの仕事〟にどんなに夢中になり、生きている〝今〟を実感することでしょう。そんな子どもたちの〝子ども世界〟を取り戻してあげるために、私はきょうも楽校、だがしやエイ、エイ、オー。

あとがき

ここ一〇年近く〝放課後と子どもたち〟にどっぷり漬かっているんだなぁー、これが実感です。「勉強したら子どもはあそばなくちゃ、そしてお母さんの手伝いをしなくちゃ…。」それまでずっとそう言い続けてきました。「じゃ、放課後をどんなふうに過ごしたらいい？」となって、ならば形にしてみるかと始めたのが、この本でご紹介してきた〝放課後復活〟への取り組みです。

昔の〝原っぱ〟〝だがしや〟を今風に再現すると〝放課後楽校〟になる――これがこの本の最大の命題です。

今私が直面している課題、それは「五・六年生が〝放課後子ども教室〟に来ない、どうやって来させるか」ということです。高学年のいない放課後はひとりあそびか同年齢同士との群れあそび。同心円的展開の広がりはあっても、異質なものとの出会いが少ないのです。その意味では、高学年の子どもたちも同じ状況に置かれています。高学年の子どもたちにとっても十分に魅力的なプラン作りが求められています。

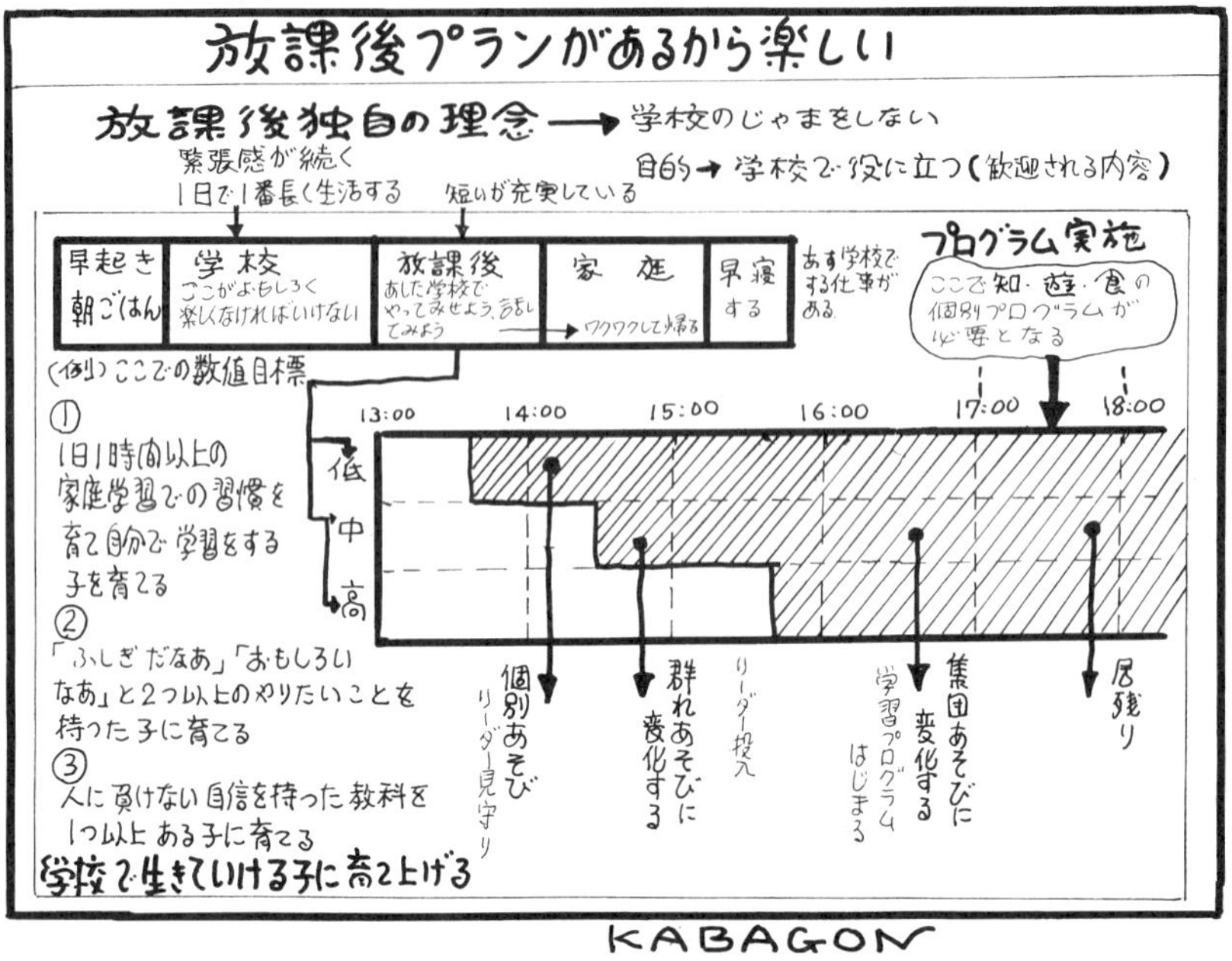
放課後プランがあるから楽しい
放課後独自の理念 → 学校のじゃまをしない
目的 → 学校で役に立つ（歓迎される内容）
緊張感が続く
1日で1番長く生活する
短いが充実している
早起き 朝ごはん
学校 ここがおもしろく楽しくなければいけない
放課後 あした学校でやってみせよう、言おしてみよう
ワクワクして帰る
家庭
早寝する
あす学校でする仕事がある
プログラム実施
ここで知・遊・食の個別プログラムが必要となる
（例）ここでの数値目標
13:00
14:00
15:00
16:00
17:00
18:00
低
中
高
①
1日1時間以上の家庭学習での習慣を育て自分で学習をする子を育てる
②
「ふしぎだなあ」「おもしろいなあ」と2つ以上のやりたいことを持った子に育てる
③
人に負けない自信を持った教科を1つ以上ある子に育てる
学校で生きていける子に育て上げる
個別あそび
リーダー見守り
群れあそびに変化する
リーダー投入
学習プログラムはじまる
集団あそびに変化する
居残り
KABAGON

学校では教えてくれないこと、触らせてはくれないもの、それは何か。たくさんあります。子どもたちの現状を見ればわかります――国語（漢字をきっちり身につけていない）、サイエンス（実験をしていない）、算数（ひぃ・ふぅ・みぃ…、ななつ・やっつ、ここのつ…、一枚・一匹・一本…といった数名詞を知らない〔ただの「1」「2」はこの世に存在しない〕）、社会（一都一道二府四三県の名前とその位置を知らない）…。大切な基礎を身につけていないのです。子どもたちをハッとさせ、ワッと言わせ、グッとこさせる楽しい〝放課後子ども教室〟を独自に組み立ててみてはどうか…。こうした〝放課後〟理念を実践しようと作ってみたのが上の表です。

＊

〝放課後子ども教室〟は子どもたちの息抜きの場であってはなりません。昔の〝原っぱ〟〝だがしや〟のように、猥雑でエネルギッシュな空間でなければなりません。子どもたちが学校とはまったく異次元の世界を二、三時間体験し、夕ごはんの頃には何くわぬ顔で家に帰る、私は〝放課後子ども教室〟をそんな摩訶《まか》ふしぎな〝楽校〟にしたいのです。

＊

この本ができるまでたくさんの方々にお世話になりました。

〝放課後子ども教室〟の旗ふり・寺脇研さん。教育支援協会の代表・吉田博彦さん。私の活動拠点である横浜スペース南、川上小はまっ子ふれあいスクール（横浜・戸塚区）、つつじが丘キッズクラブ（横浜・青葉区）のスタッフのみなさん。

夏・冬・春と三回にわたって〝カバゴン楽校〟を開催・運営して頂いた毎日興業株式会社の田部井功社長、並びに高橋輝機さんや高橋清さんをはじめとする社員のみなさん。群馬県吾妻郡高山村のみなさんと荒木毅村長。メイン舞台となった国民宿舎プラネットわらび荘・高山村ふれあいプラザ、県立ぐんま天文台の方々。子どもたちの生活全般のみならず、「声を出して詩を読もう」などの指導を通じて私を〝授業〟に専念させてくださった教育支援協会埼玉支部の山田ちづ子さん、西山幸代さん、地元の群馬パース大学の学生のみなさん。子どもたちの輝いたひとみ、元気な姿を写真に収めてくださったカメラマンの若瀬友二さん、芹沢恒生さん、宮野信昭さん（〝カバゴン夏楽校in上州高山村2007年〟はDVDにも収録して頂きました。企画・毎日興業株式会社）。そして何よりも、参加してくれた子どもさんと保護者のみなさん。
これらの方々にはほんとうに大感謝です。

＊

最後になりましたが、本書第1話、第2話では宮原洋一さんの写真文集『もうひとつの学校――ここに子どもの声がする』（新評論刊、二〇〇六年）からお写真のみならず文章までそっくりそのまま転載させて頂くことになりました。あの生き生きとした子どもたちの写真をどうしても使わせて欲しいとお願いしたのです。これでこの本がビシッと決まりました。ご快諾くださった宮原さん、ほんとうにありがとうございました。

＊

そして最後の最後。この本の脚本は阿部進ですが、編集者というより演出・撮影・編集・上映者としてまったく脚本とは似ても似つかぬ映画を創り上げて頂いた方、新評論編集長山田洋さんには言う言葉もありません。
ほんとうにほんとうにありがとうございました。

二〇〇八年五月五日　子どもの日に

阿部　進

著者紹介

阿部　進（あべ・すすむ）　通称“カバゴン”。1930年、東京生まれ。小・中・高・大とすべて横浜で学び育つ。19歳でひょんなことから川崎市の小学校で代用教員。そのまま居ついて15年。61年に『現代子ども気質』（新評論、オンデマンド復刻版2008年）、62年に『現代っ子採点法』（三一書房）を出版。その後「現代っ子」が一人歩きする。65年退職。手塚治虫・寺山修司らと「現代子どもセンター」を創り新教育運動を提唱。野生学園・麻布科学実験教室、劇団はかせ主宰。現在は地元横浜市の子ども居場所問題にかかわり、横浜市子ども支援協議会会長や全国子ども居場所問題協議会会長を務めながら広く「放課後」独自プランの普及に尽力しているつもり。全国各地の保育園、幼稚園、小学校で出前授業・出前保育を年間30〜50回展開中。

＊出前授業・出前保育「カバゴンの放課後楽校」のお申し込みは新評論“カバゴン”係まで（住所・ＴＥＬ・ＦＡＸは下記、Ｅメールは kabagon@ptys.itsudemo.net）
ブログ（カバゴンの放課後楽校）http://kabagon.cocolog-nifty.com/blog/

カバゴンの放課後楽校
――とにかく、おもしろくなくちゃァいけない　（検印廃止）

2008年５月31日　初版第１刷発行
2009年５月31日　初版第３刷発行

著　者　阿部　進
発行者　武市一幸
発行所　株式会社　新評論

〒169-0051　東京都新宿区西早稲田3-16-28
http://www.shinhyoron.co.jp
TEL 03（3202）7391
FAX 03（3202）5832
振替 00160-1-113487

定価はカバーに表示してあります
落丁・乱丁本はお取り替えします

装　幀　山田英春
カバー画 挿　絵　児玉喬夫
印　刷　神谷印刷
製　本　桂川製本

Printed in Japan
ISBN978-4-7948-0764-9　C0037